Durchstarten in Spanisch

Monika Veegh
Reinhard Bauer

Spanisch
Für das 2. Lernjahr

VERITAS
LERNHILFEN

DURCHSTARTEN IN SPANISCH, Spanisch für das 2. Lernjahr

VerfasserInnen: Monika Veegh und Reinhard Bauer
Die AutorInnen danken Carmen Eder für deren beratende Mitarbeit.

Diesem Buch ist ein Lösungsheft zu den Übungen beigelegt.
Das Buch ist nach der neuen Rechtschreibung abgefasst.

Bibliografische Information Der Deutschen Bibliothek

Die Deutsche Bibliothek verzeichnet diese Publikation in der Deutschen Nationalbibliografie; detaillierte bibliografische Daten sind im Internet über http://dnb.ddb.de abrufbar.

© VERITAS-VERLAG, Linz

Alle Rechte vorbehalten, insbesondere das Recht der Verbreitung (auch durch Film, Fernsehen, Internet, fotomechanische Wiedergabe, Bild-, Ton- und Datenträger jeder Art) oder der auszugsweise Nachdruck

1. Auflage 2004

Gedruckt in Österreich auf umweltfreundlich hergestelltem Papier

Lektorat:	Klaus Kopinitsch
Layout:	Kurt Lackner
Illustrationen:	Stefan Neuwinger
Umschlagentwurf:	Alexander Strohmaier
Satz:	Vogel Medien GmbH, Bisamberg
Druck:	Landesverlag Druckservice, Linz

ISBN 3-7058-6833-0

INHALTSVERZEICHNIS

Hola amigos 6
Kleines Aufwärmquiz Lateinamerika 7

Auf ein Neues   8
Reencuentro

Die Zeitwörter im Präsens – *Los verbos en presente* 8
Die Verlaufsform – *El gerundio* 11
Hay / ser / estar 13
Unpersönliche Zeitwörter – *Verbos impersonales* 16
Persönliche Fürwörter – *Pronombres personales* 18
Unbestimmte Fürwörter – *Pronombres indefinidos* 20
Präpositionen – *Preposiciones* 24

Erstes Kapitel   27
Encuentro 1

Die „historische Vergangenheit" – *El pretérito indefinido* 27
    Regelmäßige Zeitwörter – *Verbos regulares* 28
    Unregelmäßige Zeitwörter – *Verbos irregulares* 35
    Zum Gebrauch von *indefinido* und *pasado compuesto* 41

    Ejercicios finales 47

Zweites Kapitel   49
Encuentro 2

Das Imperfekt – *El imperfecto* 49
    Formen des *imperfecto* 49
    Gebrauch des *imperfecto* 50
    Unregelmäßige Formen 51
Unterschiedlicher Gebrauch von *imperfecto* und *indefinido* 54

    Ejercicios finales 72

Drittes Kapitel 74
Encuentro 3

Der „Konjunktiv" – *El subjuntivo* 74
Die Bildung des *presente de subjuntivo* 75
    Regelmäßige Zeitwörter – *Verbos regulares* 75
    Unregelmäßige Zeitwörter – *Verbos irregulares* 78
        Zeitwörter mit Vokalveränderung 78
        Zeitwörter mit besonderer Rechtschreibung 79
        Zeitwörter mit einer unregelmäßigen 1. Person 83
        Andere Formen des *subjuntivo* mit eigenen
            Unregelmäßigkeiten 84

Die Verwendung des *presente de subjuntivo* 88
    Der *subjuntivo* im Nebensatz 89
        Subjuntivo nach Wunsch, Forderung, Hoffnung 89
        Subjuntivo nach Gefühlsäußerung 91
        Subjuntivo nach Unsicherheit, Zweifel, Verneinung 92
        Subjuntivo nach unpersönlichen Ausdrücken 94
        Subjuntivo nach bestimmten Konjunktionen 100
        Subjuntivo in Relativsätzen 102
    Die bezüglichen Fürwörter – *Los pronombres relativos* 104
    Der *subjuntivo* im unabhängigen Satz 108

    Ejercicios finales 111

Viertes Kapitel 114
Encuentro 4

Die Befehlsform – *El imperativo* 114
    Die bejahte Befehlsform für die 2. Person 114
    Die bejahte Befehlsform für die 3. Person 116
    Die verneinte Befehlsform 117

    Ejercicios finales 126

Fünftes Kapitel 128
Encuentro 5

Die Zukunft – *El futuro* 128
    Die Bildung der Zukunft – *Formas del futuro* 128
        Regelmäßige Zeitwörter – *Verbos regulares* 128
        Unregelmäßige Zeitwörter – *Verbos irregulares* 129
    Die Verwendung der Zukunft – *Uso del futuro* 131

    Ejercicios finales 140

Abschlusstest 142

Vokabelverzeichnis
    Spanisch → Deutsch 147
    Deutsch → Spanisch 160

Die wichtigsten unregelmäßigen spanischen Verben 173

Grammatische Begriffe 174

Schatzsuche 175

Stichwortverzeichnis 176

Hola amigos:

¿Qué tal estáis? Por lo que yo recuerdo, queréis refrescar y ampliar vuestros conocimientos del español, ¿verdad? Soweit ich mich erinnern kann, wollt ihr eure Spanischkenntnisse auffrischen und erweitern, nicht wahr? Aquí estamos otra vez: ¿Os acordáis de nosotros? Michael, mi amigo alemán, quien sigue mejorando su español, y yo, Nuria. ¡Arriba, arriba, ándale! ¡Haced vuestras maletas y acompañadnos a México! Auf, auf, los geht's! Packt eure Koffer und begleitet uns nach Mexiko! Bevor wir aber gemeinsam so richtig durchstarten, noch einige nützliche Tipps für den Umgang mit den Übungen in diesem Buch:

◆ In weiteren fünf *Encuentros* – wie ihr bereits wisst, heißt das „Begegnungen" – befassen wir uns diesmal mit einigen der wohl kniffligsten Besonderheiten der spanischen Sprache, dem System der Vergangenheitszeiten (*Imperfecto* und *Indefinido*), dem *Presente de Subjuntivo*, dem *Imperativo* und dem *Futuro*. Jeder einzelne dieser *Encuentros* stellt euch einen neuen grammatikalischen Abschnitt mit seinen Besonderheiten vor, wiederholt schon bekannten Wortschatz und ermöglicht euch dadurch gleichzeitig, ihn zu erweitern. Eine gezielte Übung und ständige Wiederholung dieser grammatikalischen Strukturen in den wichtigsten Alltagssituationen fördert so ihre Festigung. Daraus ergibt sich, dass die einzelnen Kapitel für alle Niveaustufen geeignet sind, insbesondere aber für leicht fortgeschrittene Spanischlernende ab dem 2. Lernjahr. Wie bei einem Puzzle erhaltet ihr am Ende eurer Arbeit ein neues, viel schärferes Bild der spanischsprachigen Welt.

◆ Obwohl unsere Geschichten und Erlebnisse frei erfunden sind, spielen sie doch in der Wirklichkeit und bieten euch diesmal nicht nur Kostproben von den Varianten des Spanischen in Mexiko in Bezug auf den Wortschatz, sondern auch viele Informationen zur Kultur dieses Landes.

◆ Am Ende jedes *Encuentro* findet ihr zusammenfassende Übungen in den *Ejercicios finales*. Wenn ihr die Aufgaben richtig löst, nähert ihr euch Schritt für Schritt einem im mexikanischen Urwald verborgenen Goldschatz. Solltet ihr die erforderliche Anzahl an richtigen Lösungen nicht sofort schaffen – nicht verzagen! Dann wiederholt ihr einfach das entsprechende Kapitel nochmals ganz langsam.

◆ Das „Flugticket" für die abenteuerliche und informative Reise nach Mexiko ist ein Quiz ganz zu Beginn. Damit ihr euch wie Michael als wilde Durchstarter erweisen könnt, gibt's noch zusätzlich einen als kurzes Aufwärmtraining gedachten *Reencuentro*, sozusagen ein „Wiedersehen" mit den schon bekannten Strukturen.

Lineal / *Regla*:
Dieses Zeichen bedeutet Grammatikregel: merken und immer wieder anschauen!

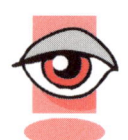

¡Ojo!:
Dieses Zeichen bedeutet: Achtung, wichtiger Hinweis auf eine Besonderheit – immer im Auge behalten!

69 Das sind die Übungen, die dich trainieren – gleich in Angriff nehmen!

Schatztruhe:
Das sind Übungen, die dich bei der Suche nach dem Goldschatz Schritt für Schritt weiterbringen.

Schlafende Maus:
Auch die schnellsten Mäuse Mexikos müssen einmal eine Pause machen – nütze sie zum Energietanken.

Also, jetzt kann's losgehen. *¡Arriba, arriba, ándale!*
Hasta pronto, *Nuria*

Kleines Aufwärmquiz Lateinamerika

Kreuze die richtige Antwort an:

1. Columbus erreichte Amerika im Jahr
   a) ☐ 1459
   b) ☐ 1492
   c) ☐ 1500

2. Ein scharfes mexikanisches Gewürz heißt
   a) ☐ *chile*
   b) ☐ *curry*
   c) ☐ *pimienta*

3. Ein altes Hochkulturvolk in Mexiko sind die
   a) ☐ *Mayas*
   b) ☐ *Incas*
   c) ☐ *Aborígenes*

4. Der wichtigste Gott der Azteken hieß
   a) ☐ Manitu
   b) ☐ Shiwa
   c) ☐ Quetzalcóatl

5. In Argentinien tanzt man
   a) ☐ Flamenco
   b) ☐ Tango
   c) ☐ Salsa

6. Die Incas betrachteten ihren Herrscher als
   a) ☐ *Hijo del Sol*
   b) ☐ *Hijo de la Luna*
   c) ☐ *Hijo de la Tierra*

7. Cuba liegt
   a) ☐ in der Karibik
   b) ☐ im Pazifik
   c) ☐ im Atlantik

8. Unter *selva* versteht man
   a) ☐ Wüste
   b) ☐ Gebirge
   c) ☐ Regenwald

9. Der spanische Eroberer von Mexiko hieß
   a) ☐ Hernán Cortés
   b) ☐ Francisco Pizarro
   c) ☐ Pedro de Almagro

10. Der Popocatépetl ist ein
    a) ☐ Fluss
    b) ☐ See
    c) ☐ Vulkan

11. Der Titicacasee liegt auf ca.
    a) ☐ 3.800 Meter
    b) ☐ 2.100 Meter
    c) ☐ 1.000 Meter

12. Ein peruanischer Schriftsteller heißt
    a) ☐ Miguel de Cervantes
    b) ☐ Pablo Picasso
    c) ☐ Mario Vargas Llosa

13. Der Name der Romanfigur *El Zorro* bedeutet
    a) ☐ Hase
    b) ☐ Maus
    c) ☐ Fuchs

14. Eine folkloristische mexikanische Musikgruppe nennt man
    a) ☐ *mariachi*
    b) ☐ *bandoleros*
    c) ☐ *matadores*

Auf ein Neues
Reencuentro

Nuria: ¡Qué alegría volver a verte! Por fin vamos a México, ya me hace mucha ilusión ...

Michael: Sí, a mí también. Ich freue mich auch schon sehr auf unsere Reise. ¿Dónde están Paloma y Carlos?

Nuria: Ya vienen. ¿Y tú, Michael, has estudiado mucho español mientras tanto? Hast du fleißig weitergelernt?

Michael: Bueno ..., creo que he olvidado mucho, no sé.
Ich glaube, ich habe viel wieder vergessen.

Nuria: No te preocupes, en el aeropuerto y durante el vuelo tenemos tiempo de sobra para repasar un poco.
Ich glaube, dass wir am Flughafen und während des Fluges genug Zeit haben werden, um ein wenig zu wiederholen. ¿No te parece?

Michael: Sí, de acuerdo, creo que primero tenemos que repasar los verbos ... y ser y estar y ...

VOLVEMOS A EMPEZAR.

Die Zeitwörter im Präsens – *Los verbos en presente*

1 Erinnerst du dich noch an die verschiedenen Verbklassen? Regelmäßige Zeitwörter auf -*ar*, -*er*, -*ir*, diphthongierende Verben und natürlich die unregelmäßigen.

Schreibe die Nennform zu den folgenden Verbformen:

1. *tienes* → _____
2. *vienen* → _____
3. *vende* → _____
4. *vemos* → _____
5. *compro* → _____
6. *empieza* → _____

7. *salgo* → _____
8. *duermes* → _____
9. *vais* → _____
10. *conozco* → _____
11. *hago* → _____
12. *abren* → _____

2 Wandle jetzt alle gefundenen Verben möglichst schnell in allen Personen ab!

3 Ordne die folgenden Verbformen den jeweiligen Personalpronomen zu:

1. *estamos*
2. *conocen*
3. *viajan*
4. *coméis*
5. *creemos*
6. *veo*
7. *juego*
8. *escuchas*
9. *escribís*
10. *bebe*

a. *yo*
b. *tú*
c. *él / ella / usted*
d. *nosotros / nosotras*
e. *vosotros / vosotras*
f. *ellos / ellas / ustedes*

4 Nach dieser Aufwärmrunde kannst du sicher die Zeitwörter richtig einsetzen:

1. *Nuria y Michael (hacer) _____ las maletas porque (querer) _____ ir a México.*

2. *Allí los (esperar, ella) _____ Juana, la hermana de Paloma.*

3. *Paloma (llegar) _____ bastante tarde al aeropuerto y (decir) _____:*

4. *"¡Qué horror el tráfico! Michael, tú (tener) _____ muy poco equipaje, sólo una mochila."*

5. *"Sí, en México (hacer) _____ mucho calor, ¿no? No (necesitar, yo) _____ muchas cosas."*

6. *Nuria (reírse) _____ mucho y (contestar) _____:*

7. *"Pero tú no (saber) _____ cuánto necesita Paloma; mira, ella (llevar) _____ dos maletas grandes ..."*

5 *Sopa de letras*: In dem Buchstabensalat findest du 8 Begriffe, die mit Reisen bzw. Reisegepäck zu tun haben:

M	A	L	E	T	A	D	G
O	Z	I	N	O	B	I	U
C	E	R	O	A	L	N	I
H	H	O	L	L	I	E	A
I	A	P	A	L	E	R	U
L	Z	A	P	A	T	O	S
A	T	C	H	A	M	E	O
D	C	A	M	A	R	A	N

TÚ TIENES MUY POCO EQUIPAJE.

6 Sicher erinnerst du dich auch noch an die rückbezüglichen Zeitwörter, die *verbos reflexivos*. Setze in den folgenden Sätzen die fehlenden rückbezüglichen Fürwörter ein:

1. Michael _____ despierta a las ocho y _____ levanta en seguida.
2. Yo no _____ acuesto muy tarde.
3. Los niños _____ visten y _____ peinan.
4. No _____ acordamos de este señor.
5. ¿No _____ sientes bien?
6. ¿Ya _____ vais?
   ¿No queréis tomar café con nosotros?
7. Lo siento, pero tenemos que despedir _____.
8. ¿Qué pasa? Todavía no quiero levantar_____.

NO QUIERO LEVANTARME...

Die Verlaufsform – *El gerundio*

Michael: Da war doch noch eine Form, mit der ich beschreiben kann, was gerade passiert ...

Nuria: *Sí, claro, el gerundio ...* Ich habe dir doch schon die Verwendung von *estar + gerundio* erklärt! *Mira, ¿qué está haciendo la gente en el aeropuerto?*

7 Silbenrätsel: Bilde aus den gegebenen Silben das *gerundio* zu den angeführten Nennformen. Die jeweils zweiten Buchstaben ergeben den Namen eines berühmten mexikanischen Badeorts:

a – a – a – ban – ca – co – cos – dan – dien – do – do – do – do – do – do – do – do – dur – gan – lien – lle – mien – mien – pren – sa – se – tan

1. *dar:* _____
2. *acostarse:* _____
3. *salir:* _____
4. *aprender:* _____
5. *dormir:* _____
6. *llegar:* _____
7. *acabar:* _____
8. *comer:* _____

Lösungswort: ___ ___ ___ ___ ___ ___ ___ ___

8 *Detective* Gafas, ebenfalls auf dem Flughafen und unterwegs nach Mexiko, beobachtet einen gerissenen Taschendieb – sofort verfolgt er ihn und verständigt dabei mit dem Handy die Polizei. Ersetze die Nennformen durch *estar + gerundio:*

Mire, (seguir, yo) (1.) _____ *a un ladrón que acaba de robarle la cartera a un señor. Ahora el tipo* (bajar) (2.) _____ *la escalera y* (ir) (3.) _____ *a la zona de tiendas.*

Sí, ahora (entrar) (4.) _____ *en el supermercado y* (mirar) (5.) _____ *a la gente. Ay, ahora* (acercarse) (6.) _____ *a una señora mayor que* (hacer) (7.) _____ *cola en la caja. La señora* (sacar) (8.) _____ *el monedero y ... ya lo ha robado y ahora* (correr) (9.) _____ *en dirección de la salida. Ah, ya veo que* (llegar) (10.) _____ *dos guardias, ahora mismo lo* (detener) (11.) _____ *.*

Michael: Nuria, kann ich das *gerundio* eigentlich nur mit *estar* verwenden?
Nuria: Nein, mit dem *gerundio* kannst du viel Verschiedenes ausdrücken, je nachdem, mit welchem Zeitwort du es benutzt:

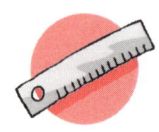

> **Estar + gerundio** – gerade etwas tun
> **Seguir + gerundio** – weiterhin, immer noch etwas tun
> **Ir + gerundio** – nach und nach, allmählich etwas tun
> **Llevar + Zeitangabe + gerundio** – schon eine gewisse Zeit etwas tun

Estamos preparando *el viaje a México.* – Wir **bereiten gerade** die Reise nach Mexiko vor.
¿Carlos **sigue trabajando** *en el bar El Gusto?* – **Arbeitet** Carlos **immer noch** in der Bar El Gusto?
Michael **va aprendiendo** *la gramática.* – Michael **erlernt allmählich** die Grammatik.
Llevo un año aprendiendo *el español.* – **Ich lerne (schon) seit einem Jahr** Spanisch.

9 Übersetze:

1. Die Kinder sehen gerade fern. 2. Juana lebt schon seit zehn Jahren in Mexiko. 3. Mein Bruder studiert immer noch Medizin. 4. Nuria erklärt Michael nach und nach die spanische Grammatik. 5. Wir warten schon drei Stunden auf dem Flughafen.

¡YA LLEVAMOS TRES HORAS ESPERANDO!

Nuria: Du kannst dich hoffentlich auch erinnern, dass du auch mit der Nennform viele Dinge ausdrücken kannst.
Michael: *Sí, por ejemplo: Vamos a tomar una copa.* Wir werden etwas trinken.

Nuria: Muy bien, Miguel. *Vamos a ver,* vielleicht merkst du dir ja noch ein oder zwei andere Strukturen:

Ir + a + infinitivo – etwas tun werden
Volver + a + infinitivo – wieder, noch einmal etwas tun
Acabar + de + infinitivo – etwas gerade getan haben
Dejar + de + infinitivo – aufhören etwas zu tun
Soler + infinitivo – für gewöhnlich, normalerweise etwas tun

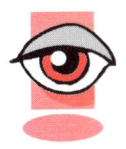

Volver und ***soler*** sind diphthongierende Zeitwörter!
Vuelvo a llamarla. – Ich rufe sie noch einmal an.
Los jóvenes suelen salir los sábados. – Die Jugendlichen gehen für gewöhnlich am Samstag aus.

10 Setze die entsprechende Form von **acabar, ir, soler, volver, dejar** sinngemäß ein:

1. *Nuria y Michael* _____ *de hacer las maletas porque pronto* _____ *a emprender su viaje.*

2. *Por la tarde Nuria* _____ *tomar algo en el bar El Gusto.*

3. *Juana quiere* _____ *de fumar.*

4. *¿Cuándo nos* _____ *a ver?*

5. *¿Qué te parece si* _____ *(nosotros) a cenar esta tarde?*

6. *¿A qué hora* _____ *(tú) levantarte?*

Hay / ser / estar

Nuria: ¿Te acuerdas también de la diferencia entre **hay, ser** y **estar**?
Michael: ¡Qué horror! Pero sí, creo que me acuerdo bastante bien …
Nuria: Vamos a ver … ¿Puedes describirme un poco el aeropuerto?

11 Ergänze die entsprechenden Formen von *hay, ser* und *estar:*

1. *El aeropuerto de Madrid-Barajas* _____ *muy grande y moderno.*

2. *En el aeropuerto* _____ *mucha gente; algunas personas* _____ *facturando sus maletas, algunas* _____ *esperando su vuelo.*

3. _____ muchas cafeterías y muchas tiendas, pero _____ muy caras.

4. El bar "El Sur" _____ al fondo, a la derecha. Allí _____ Paloma y sus amigos para tomar café.

5. Paloma _____ cansada porque ha dormido muy poco.

6. El camarero del bar _____ bajo, bastante gordo, pero muy simpático.

Vocabulario: facturar las maletas = die Koffer einchecken

EN EL AEROPUERTO HAY MUCHA GENTE.

12 Kombiniere die passenden Satzteile aus den beiden Spalten:

1. La puerta del avión ya está ...
2. Las azafatas son ...
3. En el avión hay ...
4. El viaje ha sido ...
5. Juana ya les está ...
6. Antes del despegue, Michael está ...

a. esperando
b. muchos televisores
c. abierta
d. un poco nervioso
e. muy largo y duro
f. muy guapas y simpáticas

13 Wähle die jeweils richtige Form aus:

1. Los amigos ya **están / son** listos para salir. 2. La azafata **está / es** sirviéndoles la comida. 3. En las tiendas del aeropuerto **están / son / hay** muchos recuerdos típicos del país. 4. La maleta de Paloma **es / está** muy grande. 5. Después del viaje todos **son / están** bastante cansados. 6. ¿Dónde **es / está / hay** el baño? – Al fondo, a la derecha. 7. De momento, el baño **es / está** ocupado.

14 Vergleiche den Inhalt der beiden Koffer:

¿Qué hay en la maleta de Paloma? ¿Qué hay en la maleta de Nuria?

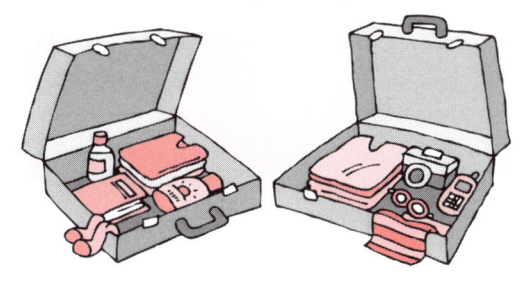

15 Betrachte noch einmal die beiden Bilder:

¿Dónde está/n la crema solar, las gafas, la toalla, la cámara fotográfica, el móvil, la cantimplora?

Trage die entsprechenden Sätze unten ein und verwende dabei *a la derecha de* (2x), *entre, al lado de, a la izquierda de, delante de*.

1. *La crema solar está* _____.

2. *Las gafas* _____.

3. *La toalla* _____.

4. *La cámara fotográfica* _____.

5. *El móvil* _____.

6. *La cantimplora* _____.

¡QUÉ CANSADO ESTOY!

Michael: ¡Uff, qué casado estoy! Creo que tenemos que hacer una pausa ...
Nuria: ¡Ay, Miguelito, no estás casado, estás cansado!
Casado heißt ja „verheiratet", **cansado** aber „müde"!

Michael: Uuups, das ist aber nicht gut, wenn man diese Wörter verwechselt ... Gibt es noch mehr wichtige Wörter, die so ähnlich sind?
Nuria: Bueno, sí, algunas ...

16 Hier hast du einige Wörter, die sich nur durch einen einzigen Buchstaben voneinander unterscheiden:

> *casado* – verheiratet / *cansado* – müde; *libro* – Buch / *libre* – frei; *fiesta* – Fest / *siesta* – Mittagsschlaf; *pata* – Pfote / *pato* – Ente; *perro* – Hund / *pero* – aber; *plata* – Silber, in Mexiko auch: Geld / *plato* – Teller; *plaza* – Platz / *plazo* – Frist; *sonar* – läuten / *soñar* – träumen; *casa* – Haus / *caza* – Jagd; *raya* – Scheitel, Streifen / *rayo* – Blitz

Knacke nun das Kreuzworträtsel; die Buchstaben in den grauen Kästchen ergeben den Namen des wichtigsten Platzes von Mexiko City:

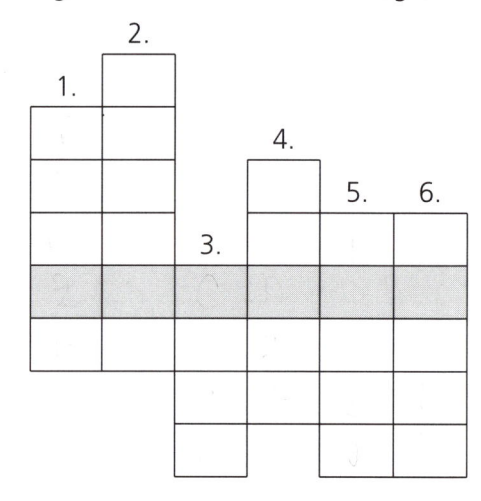

1. *En España hay una ... mayor en casi todas las ciudades.*
2. *El gato de Nuria no se lleva muy bien con los ...*
3. *Mi ... tiene un jardín muy grande.*
4. *En México hay muchas minas de ...*
5. *Tenemos un ... muy corto para pagar el crédito.*
6. *Este niño nunca presta atención porque le gusta mucho ...*

Lösungswort: *El _____ es una plaza enorme.*

Unpersönliche Zeitwörter – *Verbos impersonales*

Michael: *Estupendo, creo que me acuerdo ahora.* Aber, Nuria, da war doch noch dieses Zeitwort **gustar**, sagt man *gusto el viaje* oder *me gusta el viaje*?
Nuria: *Chico, claro que se dice* **me gusta el viaje.** Erinnerst du dich? *Gustar* ist doch ein unpersönliches Zeitwort, so wie ...
Michael: ... *interesar, encantar, parecer*, ja, jetzt weiß ich es wieder!
Nuria: *Pues, aquí tienes algunos ejercicios para recordarlo mejor.*

17 Setze *gusta / gustan* oder *interesa / interesan* ein:

1. A mí me _____ mucho la tortilla.
2. A Nuria y Michael les _____ la historia de México.
3. No nos _____ nada la gramática, pero es muy importante.
4. A mí no me _____ la política pero me _____ mucho los deportes.
5. A muchos españoles les _____ los toros, pero a mí no me _____ nada.
6. A Michael le _____ bastante ver la tele.
7. ¿Te _____ este libro?

A MÍ ME ENCANTA JUGAR AL FÚTBOL.

Wenn du ein unpersönliches Zeitwort wie *gustar, interesar, encantar* etc. verwendest, musst du darauf achten, dass der dritte Fall im Spanischen mit der Präposition *a* gebildet wird:

Michael spielt gerne Fußball. → **A Michael le** gusta jugar al fútbol.
Paloma interessiert sich nicht für Sport. → **A Paloma no le** interesan los deportes.

A MICHAEL LE GUSTA MUCHO VIAJAR.

18 Übersetze:

1. Paloma und Nuria gehen gerne aus. 2. Juana mag kein Bier. 3. Michael interessiert sich für Sport und Musik. 4. Ich lerne nicht sehr gerne. 5. Meine Freundin geht gerne einkaufen.

Persönliche Fürwörter – *Pronombres personales*

Michael: Und wie war das nochmal mit dem *le, los, se, ...* – das waren so viele kleine Wörter, die bringe ich immer durcheinander!

Nuria: *Bueno, vamos a ver, son los pronombres, ya sabes que son muy importantes. Vamos a repasarlos un poco.*

19 Ergänze die fehlenden Pronomen:

Betontes Personalpronomen nach Präposition	Unbetontes Personalpronomen im 3. Fall	Unbetontes Personalpronomen im 4. Fall
a mí	me	me
a ti	___	te
a él	le	___
a ella	le	la
a usted	___	lo / la
a _____	nos	nos
a vosotros, -as	os	___
a ellos	___	los
a _____	les	___
a ustedes	les	los / las

Erinnere dich daran, dass bei einem Zusammentreffen von zwei Pronomen, die mit *l-* beginnen, der dritte Fall *le / les* durch *se* ersetzt wird:

se lo, se la, se los, se las.

20 Nuria ist vor einer Reise immer etwas hektisch. Alles muss sie nochmals kontrollieren. Setze in folgenden Sätzen die fehlenden Objektpronomen ein:

1. *¿Michael, ya has hecho las maletas? – Sí, ya _____ he hecho.*
2. *¿Paloma ha comprado el regalo para Juana? – Sí, creo que _____ ha comprado.*
3. *No encuentro mi billete, ¿dónde _____ he puesto?*
4. *Blanca, ¿ya me has dado tu libro sobre México? – Sí, claro que te _____ he dado.*
5. *¿Dónde están mis zapatos? No _____ encuentro en ningún sitio.*
6. *Pero, Nuria, tus zapatos ya _____ has metido en la maleta, tranquila, hija ...*

21 Beantworte die Fragen, indem du die Pronomen für den dritten und vierten Fall verwendest. Beachte dabei, ob die Anrede per Du oder per Sie erfolgt:

*Modelo: ¿Me pasa usted el periódico, por favor? – Sí, **se lo** paso.*
*¿Me pasas el periódico, por favor? – Sí, **te lo** paso.*

1. *Nuria, ¿me puedes prestar el nuevo disco de Shakira? – Sí, ...*
2. *Señora, ¿me envía usted el disquete? – Sí, ...*
3. *Carlos, ¿nos traes las bebidas para la fiesta? – Sí, ...*
4. *¿Me deja usted estos libros, por favor? – Sí, ...*

22 Der umtriebige *detective* Gafas befindet sich ebenfalls auf dem Weg nach Mexiko, wo er einen wichtigen Fall zu klären hat. Er schickt an seinen mexikanischen Freund Buenolfato eine dringende Nachricht, die allerdings verschlüsselt ist. Der Code ist zu knacken, indem du die Pronomen richtig einsetzt – jedes Pronomen entspricht einem Buchstaben, wie du auf dem kleinen Zettel auf Seite 20 sehen kannst. Die aneinandergereihten Buchstaben ergeben die Lösungswörter.

Hola querido amigo Buenolfato, _____ escribo esta carta porque tengo un nuevo caso muy importante. Para solucionar_____ tengo que ir a México. Ya _____ he dicho a mi cliente que tengo excelentes contactos con los detectives mexicanos. _____ que pasa es que tienes que ayudar_____. ¿Puedes poner_____ en contacto con un tal señor Roberto González? Para mis investigaciones es muy importante conocer_____. ¿Es verdad que este señor tiene tres hoteles? He oído que quiere vender_____ ahora precipitadamente. He oído también que tiene dos hijas y que _____ ha regalado una casa grande a las dos y que _____ quiere mucho. Una de las chicas ha desaparecido. Para _____ el caso está bastante claro, se trata de un secuestro. Pero es difícil probar_____.

Un cordial saludo,
tu amigo Gafas.

```
Code:
me = R (2x)
te  = S
le  = C
lo  = O (4x)
les = M
los = A
las = I
mí  = G
```

Vocabulario:

el caso	= der Fall
las investigaciones	= die Nachforschungen
precipitadamente	= überstürzt
el secuestro	= die Entführung
probar	= beweisen

EL CASO ESTÁ BASTANTE CLARO.

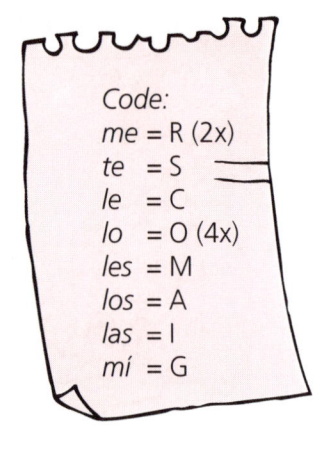

Solución: __ __ __ __ __ __ __ ,

__ __ __ __ __

23 Korrigiere in den folgenden Sätzen die Stellung der Personalpronomen:

1. ¿Dónde está mi gato? No encuentro lo.
2. ¿Ya me has enviado el paquete? – Sí, te he enviadolo.
3. ¿Ya tienes un nuevo ordenador? – No, comprolo mañana.
4. ¿Puedes recomendarme el Hotel Estrella? – Sí, te puedo recomendarlo.
5. ¿Conoces a mi prima Marta? – No, la no conozco.

Unbestimmte Fürwörter – *Pronombres indefinidos*

Michael: *Bueno, Nuria. Tengo hambre – ¿ya has comido alguien?*
Nuria: Michael, ich bin doch keine Kannibalin, dass ich **jemanden** verspeise! Du willst wohl fragen, ob ich schon **etwas** gegessen habe, *si ya he comido* **algo** ...
Michael: *Algo, alguien, alguno* ... also alle diese Wörter mit *a-* bringe ich immer durcheinander. Ich glaube, das musst du mir noch einmal erklären!
Nuria: Das ist nicht so kompliziert, das sind Fürwörter, die nicht näher bestimmte Dinge oder Personen ausdrücken können. *Mira, te lo explico:*

Die **Indefinitpronomen** bzw. **-adjektive**, z. B. **alguien** – jemand, **algo** – etwas, **algún, alguna** – irgendein/e, **cada uno/a** – jede/r/s etc. bezeichnen nicht näher bestimmte Dinge oder Personen. Sie stehen entweder allein, als Pronomen oder sind einem Nomen als Ergänzung beigefügt.

Für sich allein stehen zum Beispiel:

In bejahten Sätzen	In verneinten Sätzen
Algo – etwas ¿Ya has comido algo? Hast du schon etwas gegessen? ¿Quiere usted algo más? Möchten Sie noch etwas?	*Nada* – nichts No, no he comido nada. Nein, ich habe nichts gegessen. No, gracias, nada más. Nein, danke, nichts mehr.
Alguien – jemand ¿Ha llamado alguien? Hat jemand angerufen?	*Nadie* – niemand No, no ha llamado nadie. Nein, es hat niemand angerufen.
Cualquiera – jede/r/s (beliebige) Pero eso lo sabe cualquiera. Aber das weiß doch jeder.	
Cada uno/a – jede/r/s Cada uno tiene que pasar el control. Jeder muss die Kontrolle passieren. Cada una de las maletas pesa 20 kilos. Jeder der Koffer wiegt 20 Kilo.	

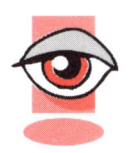

Stehen **nada** bzw. **nadie** hinter dem Zeitwort, muss vor dem Zeitwort **no** stehen! **Nadie ha venido. = No ha venido nadie.**

24 Setze jetzt **algo** (2x) – **alguien** – **nada** – **nadie** – **cualquiera** – **cada uno** in die folgenden Sätze ein:

1. ¿Tú sabes _____ sobre la historia de México?

2. _____ me ha contado que la fiesta de los muertos en México es _____ muy especial.

3. No conozco a _____ en esta ciudad.

4. _____ de nosotros tiene que llevar una botella de agua para la excursión.

5. Michael no quiere olvidar _____ importante para el viaje.

6. La gramática española no es muy difícil ... la entiende _____, ¿no?

25 Die unbestimmten Fürwörter werden oft auch für Beschreibungen bzw. Umschreibungen von Wörtern, die man nicht kennt, verwendet. Knacke das folgende Kreuzworträtsel mit Hilfe der Definitionen. Das Lösungswort ergibt den Namen des letzten Kaisers der Azteken:

1. *Algo que sirve para trabajar y para jugar. En España lo llaman ordenador, en Latinoamérica es una ...*
2. *Algo que se lleva en la cabeza; en México suele ser muy grande.*
3. *Algo para vestir; protege contra el frío y la lluvia. Prenda típica de Latinoamérica.*
4. *Algo para comer; se conoce en México y en España, pero son cosas diferentes.*
5. *Algo para beber; bebida alcohólica muy típica de México.*
6. *Alguien muy astuto e inteligente se llama así; también es el nombre de un animal que vive en los bosques y de un "héroe nacional" de México (sale en muchas películas).*
7. *No le gusta a nadie porque es muy cruel y muere mucha gente.*
8. *Algo muy impresionante para visitar; se puede ver en México, pero también en Egipto.*
9. *Alguien que acompaña a los turistas durante un viaje y les explica las curiosidades.*

Solución: __ __ __ __ __ __ __ __ __

Die Indefinitadjektive **cada** – jede/r/s und **cualquier** – irgendein/e/s sind unveränderlich und werden immer beifügend gebraucht.

Cada verano vamos a la playa.
Wir fahren jeden Sommer an den Strand.
Mi amigo me visita cada vez que está en Madrid.
Mein Freund besucht mich jedes Mal, wenn er in Madrid ist.

Nuria le quiere regalar a Michael cualquier cosa.
Nuria möchte Michael irgendetwas schenken.

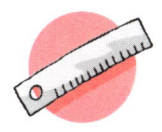

Sowohl beifügend als auch allein stehend werden z. B. **alguno/a, algunos/as** – einige, ein paar, **ninguno/a** – kein/e, **todo/a, todos/as** – alles, alle, der/die/das Ganze, **tanto/a, tantos/as** – so viel, so viele, **mismo/a, mismos/as** – der/die/das Gleiche, **dasselbe** gebraucht.

Stehen **alguno** bzw. **ninguno** vor einem männlichen Hauptwort, so werden sie zu **algún** bzw. **ningún** verkürzt.

¿Hay algún hotel por aquí? – No, no hay ninguno.
Gibt es irgendein Hotel hier in der Nähe? – Nein, es gibt keines.
No tengo ningún libro sobre México.
Ich habe kein Buch über Mexiko.

~~Tan mucho~~ → falsch; richtig: **tanto**
Aquí hay tanto ruido que no puedo dormir.
Hier ist so viel Lärm, dass ich nicht schlafen kann.

TE EXPLICO TODO.

26 Setze jetzt die fehlenden Wörter an die richtige Stelle:

algún – algunos – cada – ningún – misma – tanta – tantas – todo

1. *En Viena hay _____ restaurantes mexicanos.*
2. *En el mercado hay _____ gente que es difícil moverse.*
3. *Paloma lleva _____ cosas que su maleta es muy pesada.*
4. *En esta calle no hay _____ cine.*
5. *Nos vemos mañana a la _____ hora.*
6. *_____ día comemos en el mismo bar.*
7. *Busco _____ disco de Enrique Iglesias.*
8. *Ahora te he contado _____.*

27 Korrigiere folgende Sätze:

1. *No tengo tan mucho dinero para comprarme un nuevo ordenador.*
2. *No he comprado algo en el mercado.*
3. *Alguno día voy a viajar a Argentina.*
4. *No he visto a alguien en la calle.*
5. *¿Has entendido todos?*
6. *¿Has leído alguien interesante en el periódico?*
7. *No quiero aprender tan muchas cosas.*

HAY TANTAS COSAS QUE TENGO QUE APRENDER.

Präpositionen – *Preposiciones*

Michael: Nuria, jetzt, wo wir schon so viel wiederholt haben, könnten wir vielleicht auch noch üben, wann man diese vielen kleinen Wörter verwendet, du weißt schon, *a, de, en, con* und so weiter. Da weiß ich nie genau, wann ich was nehmen soll.

Nuria: Bueno, entonces algunos ejercicios para recordar ...

28 Setze die Präpositionen *a* (bzw. *al*), *en* oder *de* ein:

1. *Nuria y Michael van _____ avión _____ la Ciudad de México.*

2. *El vuelo _____ Madrid _____ México es bastante largo.*

3. *_____ la derecha _____ Nuria está sentado un señor mexicano que es muy simpático.*

4. *El señor habla mucho _____ su familia y _____ su país.*

5. *El señor vive _____ Puebla, una ciudad muy bonita que está _____ norte de la capital.*

6. *_____ el aeropuerto ya les espera Juana, la hermana _____ Paloma.*

7. *Los lleva _____ coche _____ su casa.*

> YO SOY DE PUEBLA, UNA CIUDAD MUY LINDA.

Michael: *Nuria, ¿por qué este señor siempre dice "lindo"* – ich habe gedacht, „schön" heißt „*bonito*"?

Nuria: *Sí, hijo mío, lo que pasa es que en México utilizan algunas expresiones que son un poco diferentes …* Es gibt doch im Deutschen auch Unterschiede zwischen einzelnen Ausdrücken in Deutschland, Österreich und der Schweiz, nicht?

Michael: *Sí, es verdad* – ich weiß zum Beispiel, dass man in Deutschland „Aprikose" sagt und in Österreich „Marille".

Nuria: *Ya ves,* da hast du es. *Lo mismo pasa en los países hispanohablantes.*

29 Im folgenden Text informiert dich Speedy González über einige Besonderheiten des mexikanischen Spanisch. Lies den Text aufmerksam durch!

Hola amigos, ya que vais a México tenéis que saber algunas cositas. Aquí normalmente no decimos "bonito", todo lo que nos gusta es muy "lindo". Además nunca "cogemos" el metro, sino que lo "tomamos". Claro que antes tienes que comprar un "boleto". Y no olvides que algunas cosas para comer tienen nombres diferentes también: la patata se llama "papa", el melocotón es un "durazno" y al plátano lo llamamos "banana". Ah, y si en un bar pides una tortilla y un tinto, lo que te dan es una tortilla mexicana, de maíz, y un café solo … ¿Qué más? Sí, un bolígrafo aquí es un "lapicero" y un coche un "carro", aunque sea nuevo … y si quieres tomar un autobús, no te asustes si lo llaman "camión" …

> ¡AQUÍ EN MÉXICO TODO ES MUY LINDO!

30 Löse nun das Kreuzworträtsel, indem du die in Mexiko gebräuchlichen Ausdrücke einsetzt. Die Buchstaben in den grauen Kästchen ergeben ein altes Hochkulturvolk in Mexiko.

1. Banane
2. Pfirsich
3. Schwarzer Kaffee, nicht Rotwein
4. Fahrkarte
5. Kugelschreiber
6. Kartoffeln
7. Die *chicas* in Mexiko sind *muy* ...

Solución: __ __ __ __ __ __ __

31 Erinnerst du dich noch an den Unterschied zwischen *por* und *para*? Versuche die beiden Präpositionen richtig einzusetzen:

1. _____ la mañana siempre tomo café con leche y una tostada.

2. Necesito una maleta nueva _____ el viaje a México.

3. _____ ir a la escuela siempre tomo el metro.

4. He comprado este jersey _____ sólo 15 euros.

5. _____ el detective Gafas es muy importante la ayuda de su amigo.

6. Todavía no hemos comprado el vino _____ la fiesta.

So, und nach dieser kleinen „Aufwärmrunde" kann's losgehen mit der Reise! Wie sagt Speedy González immer? *Arriba, arriba, ándale ...*

Erstes Kapitel

Encuentro 1

Die „historische Vergangenheit" – *El pretérito indefinido*

Nuria: ¡Por fin hemos llegado a México! ¡Qué viaje más largo!
Paloma: Mira, allí está Juana, mi hermana.
Juana: Hola, Paloma, cuánto tiempo sin verte. Éstos son tus amigos, ¿verdad?
Paloma: Sí, Nuria, Carlos, Blanca y Michael, un amigo alemán.
Juana: Bienvenidos a México, ¿ya habéis estado aquí antes?
Nuria: Yo estuve aquí hace cinco años con mis padres. Entonces hicimos un viaje por el norte de México y vimos muchas cosas interesantes.
Michael: ¿Qué has dicho? *Estuve, hicimos, vimos,* sind das alles neue Wörter, die ich noch nicht kenne?
Nuria: *No, no son palabras nuevas, pero sí formas nuevas para ti.* Um zu sagen, was du in der Vergangenheit gemacht hast, brauchst du die Formen des *indefinido*.
Michael: Sind die schwierig? ¿*Son difíciles?*
Nuria: *Bueno, pues ...* Es gibt schon einiges zu lernen – aber ich bin sicher, du wirst es bald schaffen, und wir alle helfen dir beim Üben!

Das System der spanischen Vergangenheitszeiten unterscheidet sich grundlegend vom Deutschen – so weit wie möglich solltest du daher versuchen, dich vom Deutschen zu lösen und auf Spanisch zu „denken". Natürlich ist das am Anfang etwas schwierig, daher bekommst du verschiedene Anhaltspunkte, wann du welche Zeit anwenden musst.

Das *indefinido* entspricht in vielem der deutschen Mitvergangenheit – sagte, dachte, war etc. –, wird aber ein wenig anders und vor allem öfter verwendet. Grundsätzlich wird es gebraucht, um über **abgeschlossene Handlungen in der Vergangenheit** zu sprechen, **deren Beginn und Ende erfasst wird**, oft also in Zusammenhang mit Ausdrücken wie gestern, letzte Woche, vor einem Jahr usw.

Regelmäßige Zeitwörter – *Verbos regulares*

hablar	sprechen	*aprender*	lernen	*escribir*	schreiben
habl**é**	ich sprach	aprend**í**	ich lernte	escrib**í**	ich schrieb
habl**aste**		aprend**iste**		escrib**iste**	
habl**ó**		aprend**ió**		escrib**ió**	
habl**amos**		aprend**imos**		escrib**imos**	
habl**asteis**		aprend**isteis**		escrib**isteis**	
habl**aron**		aprend**ieron**		escrib**ieron**	

Ayer hablé con Carlos heißt also: Gestern sprach ich mit Carlos bzw. Gestern habe ich mit Carlos gesprochen, was im Deutschen keinen Unterschied macht.

Bei den Zeitwörtern auf *-ar* und *-ir* fallen die *nosotros*-Formen mit denen des Präsens zusammen:

Präsens	Indefinido
*Normalmente **hablamos** mucho.*	*La semana pasada **hablamos** con Nuria.*
Normalerweise sprechen wir viel.	Letzte Woche haben wir mit Nuria gesprochen.
*No **escribimos** muchas cartas.*	*Ayer **escribimos** un mensaje electrónico.*
Wir schreiben nicht viele Briefe.	Gestern haben wir eine E-Mail geschrieben.

Besonders wichtig ist im *indefinido* der Akzent – die regelmäßigen Zeitwörter werden in der Ich- und in der Er-Form auf der letzten Silbe betont. Du solltest dir beim Konjugieren die Betonung ganz besonders einprägen, übertreibe ruhig ein bisschen!

Präsens	Indefinido
*H**a**blo español.*	*Habl**ó** con la azafata.*
Ich spreche Spanisch.	Er / Sie sprach mit der Stewardess.

32 Wandle jetzt zur Übung ein paar regelmäßige Zeitwörter im *indefinido* ab und achte besonders auf die Betonung der Endsilben in der ersten und dritten Person Einzahl!

trabajar	*comer*	*vivir*	*ayudar*	*beber*	*abrir*
arbeiten	essen	leben, wohnen	helfen	trinken	öffnen

33 Ordne jetzt folgende Verbformen den richtigen Personen zu:

yo	bebieron
tú	trabajasteis
él / ella / usted	abriste
nosotros, -as	comí
vosotros, -as	ayudamos
ellos / ellas / ustedes	vivió

AYER LE ESCRIBÍ UN "EMILIO" A CARMEN Y TODAVÍA NO ME HA CONTESTADO.

34 Setze folgende Präsensformen ins *indefinido*:

1. pregunto → _____
2. compráis → _____
3. vende → _____
4. reciben → _____
5. escuchamos → _____
6. viven → _____
7. comes → _____
8. viaja → _____
9. salgo → _____
10. estudian → _____

35 Was haben die Freunde im Flugzeug alles gemacht? Bilde Sätze:

Beispiel: *Beber agua mineral: Bebieron agua mineral.*

1. comer mucho: _____
2. mirar una película divertida: _____
3. tomar una copa de champán: _____
4. comprar cigarrillos: _____
5. hablar con la azafata: _____
6. jugar a las cartas: _____

JUGAMOS A LAS CARTAS.

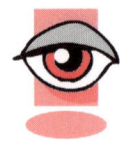

Einige Zeitwörter, die ansonsten regelmäßig sind, weisen im *indefinido* Veränderungen in der Schreibweise auf:

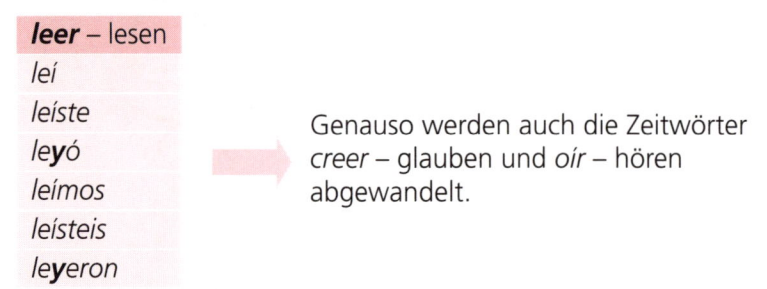

leer – lesen
leí
leíste
leyó
leímos
leísteis
leyeron

➡ Genauso werden auch die Zeitwörter *creer* – glauben und *oír* – hören abgewandelt.

Bei den Zeitwörtern auf **-gar** fügt man in der Ich-Form im *indefinido* ein -u- ein, um die Aussprache des -g zu erhalten:

g → gu		
Nennform		**Indefinido – yo**
llegar	ankommen	**llegué**
pagar	zahlen	**pagué**
jugar	spielen	**jugué**

Bei Zeitwörtern auf **-car** verändert sich in der Ich-Form im *indefinido* das -c zu -qu:

c → qu		
Nennform		**Indefinido – yo**
buscar	suchen	**busqué**
tocar	berühren, (ein Instrument) spielen	**toqué**
explicar	erklären	**expliqué**

Bei den Zeitwörtern auf **-zar** wird, ebenfalls nur in der Ich-Form, im *indefinido* z zu c:

z → c		
Nennform		**Indefinido – yo**
empezar	beginnen	**empecé**
almorzar	Mittag essen	**almorcé**
cruzar	überqueren	**crucé**

36 Setze jetzt die fehlenden Formen im *indefinido* ein:

1. ¿A qué hora (empezar, tú) _____ a trabajar ayer? – Pues, (empezar, yo) _____ a las siete.
2. ¿Cuándo (llegar, tú) _____ a México? – (llegar, yo) _____ la semana pasada.
3. ¿Quién (pagar) _____ la cuenta en el restaurante? – La (pagar) _____ yo.
4. Carlos (leer) _____ un libro en el avión, Nuria y Blanca (leer) _____ una revista.
5. ¿Paloma, no tienes tu cámara de fotos? – No, no sé dónde está. Ayer la (buscar, yo) _____ todo el día, pero no la (encontrar, yo) _____.

37 *Revoltigrama*: Bilde aus den Buchstaben Indefinidoformen. Die Buchstaben in den Kästchen ergeben ein bekanntes mexikanisches Getränk:

1. B A T A R A J E T S: ☐ _ _ _ _ _ _ _ _ _
2. E H B A L: _ _ _ _ ☐
3. U Q I X E L P E: _ _ _ _ _ ☐ _ _
4. S T U G A J E: _ ☐ _ _ _ _ _
5. C I R E I O B: _ _ _ ☐ _ _ _
6. Y R E L E N O: ☐ _ _ _ _ _ _
7. L E G A L N O R: _ _ _ _ ☐ _ _ _

Lösungswort: _ _ _ _ _ _ _

38 An einigen der folgenden Indefinidoformen fehlen die Akzente – setze sie und präge dir dabei die Betonung ein:

1. tomasteis
2. jugo
3. vendi
4. comieron
5. leimos
6. explico
7. busque
8. escribieron
9. pague
10. llego
11. aprendi
12. almorzamos
13. hable
14. empezaron
15. conocio
16. leyo
17. trabaje
18. recibieron

Nuria: Michael, tengo una noticia buena y una mala para ti. Ich habe eine gute und eine schlechte Nachricht für dich. Welche zuerst?
Michael: Pues, primero la buena.
Nuria: La buena noticia es: En indefinido no hay verbos con diptongo. Es gibt im *indefinido* keine Zeitwörter mit Diphthong, das gilt nur für das Präsens.
Michael: Genial. ¿Y la mala noticia?
Nuria: La mala noticia: Es gibt einige Zeitwörter, die im *indefinido* den Stammvokal wechseln – und eine ganze Menge unregelmäßiger ...

Bei einigen Zeitwörtern auf *-ir* verändert sich im *indefinido* in der 3. Person Einzahl und Mehrzahl der Stammvokal:

e → i		
sentir – fühlen	**pedir** – bitten	Ebenso abgewandelt werden:
sentí	pedí	
sentiste	pediste	elegir – wählen
sintió	**pidió**	reír – lachen
sentimos	pedimos	repetir – wiederholen
sentisteis	pedisteis	seguir – folgen
sintieron	**pidieron**	

o → u	
dormir – schlafen	Ebenso abgewandelt wird:
dormí	
dormiste	
durmió	morir – sterben
dormimos	
dormisteis	
durmieron	

39 Übersetze:

1. Gestern haben die Kinder lange geschlafen.
2. Letzte Woche fühlte ich mich nicht wohl.
3. Maximilian von Mexiko starb 1867.
4. Am Sonntag habe ich meine Großmutter besucht.
5. Gestern habe ich eine neue CD gekauft.

40 Streiche die falschen Formen:

1. explicé
2. empezé
3. lleguó
4. almorcé
5. llegué
6. dormió
7. empezó
8. reió
9. pagué
10. leó
11. jugué
12. murieron

41 Stelle die falschen Formen nun richtig und setze die entsprechende Form des Präsens dazu:

Presente	Indefinido

AYER COMPRÉ UN SOMBRERO MEXICANO.

42 Knacke das Kreuzworträtsel mit den passenden Indefinidoformen:

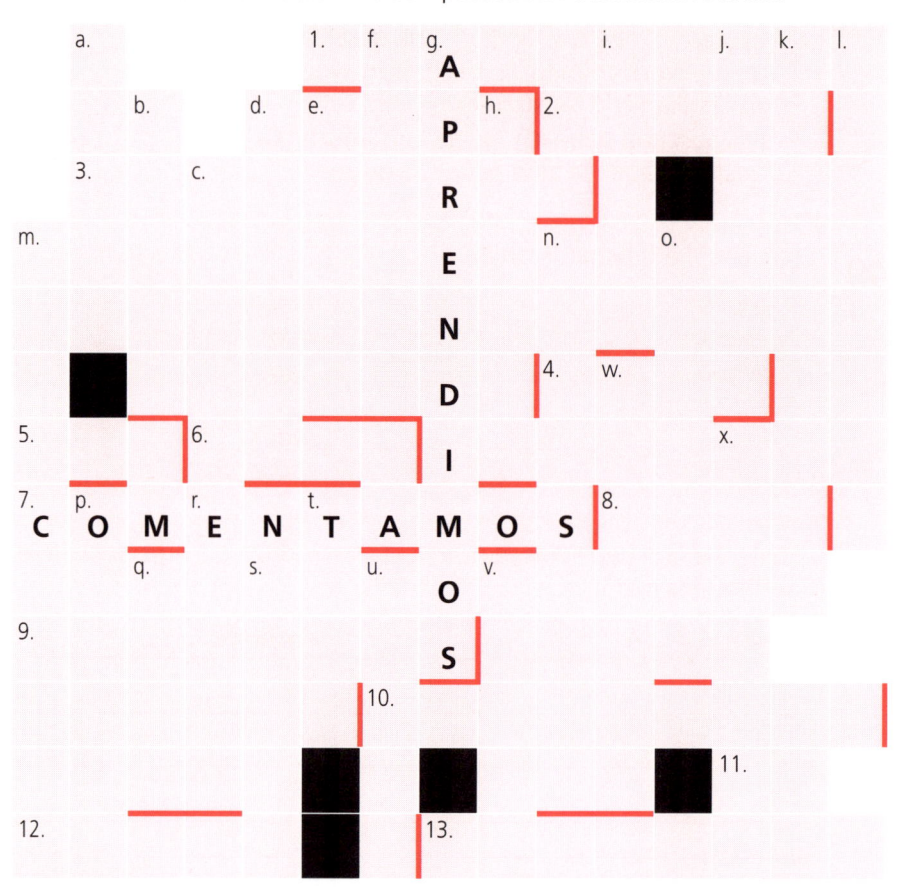

Waagrecht:
1. *trabajar, tú*
2. er starb
3. sie schliefen
4. er hat gelesen
5. *oír, él*
6. er nahm
7. *comentar, nosotros*
8. ich glaubte
9. *evitar, nosotros*
10. wir erhielten
11. ich hörte
12. *negar, yo*
13. *volver, tú*

Senkrecht:
a. er bat
b. *subir, él*
c. *reír, tú*
d. es begann
e. *vivir, él*
f. sie lachten
g. wir lernten
h. ich kaufte
i. *jugar, yo*
j. *sentir, él*
k. ihr nahmt
l. *elegir, tú*
m. sie lernten kennen
n. *salir, vosotros*
o. *leer, ellos*
p. ich vergaß
q. *mirar, él*
r. er trat ein
s. *cantar, yo*
t. *tomar, yo*
u. *cortar, él*
v. *nacer, él*
w. ich schrieb
x. wir kamen an
(ll = ein Buchstabe)

Lösungswort: Wenn du die Buchstaben der genannten Felder einträgst, erhältst du den aztekischen Namen der Stadt Mexico:

					H		I		A		
1.	9.	12.	5.	s.		k.		6.	4.	g.	v.

34

Unregelmäßige Zeitwörter – *Verbos irregulares*

estar sein	*tener* haben	*ser* sein	*ir* gehen	*poder* können	*poner* setzen, legen
estuve	tuve	fui	fui	pude	puse
estuviste	tuviste	fuiste	fuiste	pudiste	pusiste
estuvo	tuvo	fue	fue	pudo	puso
estuvimos	tuvimos	fuimos	fuimos	pudimos	pusimos
estuvisteis	tuvisteis	fuisteis	fuisteis	pudisteis	pusisteis
estuvieron	tuvieron	fueron	fueron	pudieron	pusieron

Michael: Aber Nuria, wie können denn „sein" und „gehen" dieselbe Vergangenheitsform haben?

Nuria: *Muy práctico, ¿no?* So musst du dir weniger merken! *Estar* und *tener* haben ja eigentlich auch ziemlich ähnliche Formen, und bei *poder* und *poner* ist nur ein einziger Buchstabe anders. Du siehst, das ist gar nicht so schwer.

Michael: Aber dafür kann man die Formen auch sehr leicht verwechseln!

Nuria: Naja, da hilft nur eines: ***ejercicios, ejercicios, ejercicios ...***

43 Übersetze folgende Formen:

1. wir hatten _____
2. du bist gefahren _____
3. ich konnte _____
4. ihr wart *(ser)* _____
5. er hatte _____
6. wir waren *(estar)* _____
7. ihr konntet _____
8. er stellte _____
9. ich hatte _____
10. sie sind gefahren _____

44 Ergänze die Tabelle um die fehlenden Formen:

Einzahl	Mehrzahl
pusiste	
	fuimos
estuve	
	pudieron
tuvo	
	pidieron
sentí	

Nuria: Leider gibt es noch einige weitere Zeitwörter, die einen eigenen Stamm im *indefinido* haben.

Michael: Das hätte mich ja auch gewundert – zum Beispiel vermisse ich *hacer* ...

hacer machen, tun	**venir** kommen	**querer** wollen, mögen	**saber** wissen, erfahren	**dar** geben	**ver** sehen
hice	vine	quise	supe	di	vi
hiciste	viniste	quisiste	supiste	diste	viste
hizo	vino	quiso	supo	dio	vio
hicimos	vinimos	quisimos	supimos	dimos	vimos
hicisteis	vinisteis	quisisteis	supisteis	disteis	visteis
hicieron	vinieron	quisieron	supieron	dieron	vieron

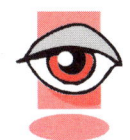

Zeitwörter wie **saber** und **conocer** nehmen im *indefinido* eine andere Bedeutung an: **supe** – **ich erfuhr, conocí** – **ich lernte kennen.**

> AYER CONOCÍ A UNA CHICA FANTÁSTICA...

45 Bilde jetzt die Indefinidoformen zur angegebenen Person:

1. *yo* _____ _____ _____ _____
                beber   *poder*   *pagar*   *empezar*

2. *tú* _____ _____ _____ _____
              jugar   *llegar*   *tener*   *hacer*

3. *él, ella, usted* _____ _____ _____ _____
              querer   *cerrar*   *leer*   *seguir*

4. *nosotros nosotras* _____ _____ _____ _____
              dar   *poder*   *saber*   *venir*

5. *vosotros vosotras* _____ _____ _____ _____
              tomar   *ver*   *estar*   *ir*

6. *ellos, ellas ustedes* _____ _____ _____ _____
              ser   *dormir*   *dar*   *jugar*

46 Ergänze die Sätze mit den Indefinidoformen der folgenden Zeitwörter:

aprender – comprar – conocer – hacer (2x) – jugar – tomar – ver

Una semana muy activa:

1. *La semana pasada Michael _____ un diccionario.*

2. *Blanca y Paloma _____ café con Juana.*

3. *Yo _____ al fútbol con unos amigos.*

4. *Nuria y Michael _____ un viaje muy largo.*

5. *En el avión, los pasajeros* _____ *una película divertida.*

6. *Michael y Nuria* _____ *a Juana, la hermana de Paloma.*

7. *Michael* _____ *muchos verbos nuevos.*

8. *Y tú, ¿qué* _____ *tú la semana pasada?*

47 Hier ist die totale „Vokalflucht" eingetreten – kannst du die Verbformen wieder rekonstruieren? Schreib anschließend die entsprechende Person (*yo, tú,* etc.) daneben:

1. P __ S __ S T __ __ S: _____
2. H __ C __ M __ S: _____
3. Q __ __ S __ __ R __ N: _____
4. V __ N __ S T __ : _____
5. __ X P L __ Q __ __ : _____
6. P __ D __ __ : _____

LA SEMANA PASADA COMPRÉ UN DICCIONARIO.

decir sagen	***traer*** bringen	***traducir*** übersetzen	***producir*** herstellen
dije	*traje*	*traduje*	*produje*
dijiste	*trajiste*	*tradujiste*	*produjiste*
dijo	*trajo*	*tradujo*	*produjo*
dijimos	*trajimos*	*tradujimos*	*produjimos*
dijisteis	*trajisteis*	*tradujisteis*	*produjisteis*
dijeron	*trajeron*	*tradujeron*	*produjeron*

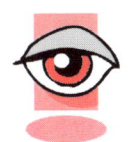

Alle Zeitwörter auf -ucir bilden das *indefinido* auf -uje. Beachte bei all diesen Verben, dass in der 3. Person Mehrzahl die Endung ohne -i- gebildet wird.

48 Suche zu folgenden Indefinidoformen die entsprechenden Formen des Präsens:

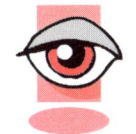

1. *dijiste* → _____
2. *vinieron* → _____
3. *estuvieron* → _____
4. *quise* → _____
5. *vieron* → _____
6. *hablé* → _____
7. *puso* → _____
8. *pudimos* → _____
9. *empecé* → _____
10. *hizo* → _____
11. *tuvisteis* → _____
12. *supiste* → _____

Im Unterschied zu den regelmäßigen Formen tragen die unregelmäßigen **keinen Akzent!**

49 Bei einigen der folgenden Indefinidoformen sind die Akzente falsch gesetzt. Korrigiere die Akzentsetzung:

1. *dijé*
2. *compró*
3. *hizó*
4. *comprásteis*
5. *viné*
6. *vendí*
7. *pusé*
8. *pudó*
9. *pedí*
10. *quisiéron*
11. *supé*
12. *tradujé*
13. *entendió*
14. *escribistéis*
15. *llegué*
16. *estuvé*
17. *escuché*
18. *conoció*

50 Verbensilbenrätsel: Bilde die unten auf Deutsch angeführten Verbformen im *indefinido* mit Hilfe der gegebenen Silben. Die jeweils dritten Buchstaben ergeben aneinandergereiht eine bekannte Mayaruinenstadt in Mexiko.

cé – cru – die – du – ji – lis – mos – nis – o – pie – qué – ron – ron – ron – sa – su – te – teis – to – tra – vi – ye

1. sie erfuhren
2. wir übersetzten
3. du gingst weg
4. sie hörten
5. ihr kamt
6. ich berührte
7. ich überquerte
8. sie gaben

Solución: __ __ __ __ __ __ __ __

51 *Detective* Gafas hat einen wichtigen Auftrag übernommen: Er ist *señor* Amoroso und seiner Sekretärin *señorita* Rubio nach Mexiko gefolgt. Hier der Bericht darüber, was die beiden gestern getan haben – du musst nur die Verbformen in die entsprechende Form des *indefinido* setzen:

1. *Los dos (llegar) _____ al aeropuerto a las once de la mañana.*
2. *En seguida (ir, ellos) _____ en taxi al Hotel Palace.*
3. *(Dejar, ellos) _____ las maletas en la habitación Nr. 455 y (tomar) _____ un cóctel de bienvenida en el bar del hotel.*
4. *Después, el señor Amoroso (llamar) _____ por teléfono y la señorita (saludar) _____ a un joven americano.*
5. *A las dos (venir) _____ dos señores de la empresa y (hablar) _____ con el señor Amoroso, pero no (poder, yo) _____ oír lo que (decir, ellos) _____.*
6. *Los cuatro (comer) _____ en el restaurante del hotel.*
7. *A las siete el señor Amoroso y la señorita (irse, ellos) _____ a la habitación y ya no (salir) _____.*

PERO SI HABLÓ CONMIGO POR TELÉFONO ...

Zum Gebrauch von *indefinido* und *pasado compuesto*

Michael: Wie weiß ich eigentlich, welche Zeit ich in der Vergangenheit nehmen muss? Das Perfekt, das *pasado compuesto,* ist viel einfacher, kann ich nicht einfach das verwenden?

Nuria: *No, tan fácil no es …* So einfach geht das nicht, wenn du dich gut ausdrücken möchtest. Ich erkläre es dir: Das Perfekt nimmst du, wenn es sich um ein Ereignis handelt, das noch mit der Gegenwart verknüpft ist, zum Beispiel weil es Folgen hat oder dich noch immer betrifft. Das *indefinido* nimmst du, um über abgeschlossene Ereignisse zu sprechen, was gestern, letztes Jahr usw. war.

Michael: *Es un poco como en inglés* – das ist so ähnlich wie die present perfect tense und past tense im Englischen, nicht?

Nuria: *Sí, un poco.*

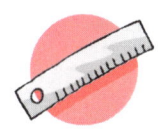

Pasado compuesto	Indefinido
Carlos ha estado enfermo; todavía está muy pálido. Carlos war krank, er ist immer noch ziemlich blass.	*Hace un mes Carlos tuvo la gripe.* Vor einem Monat hatte Carlos die Grippe.
Este año Michael ha aprendido mucho. Dieses Jahr hat Michael viel gelernt.	*El año pasado Michael empezó a estudiar español.* Letztes Jahr hat Michael begonnen, Spanisch zu lernen.
Estoy muy triste porque hace poco se ha muerto mi abuelo. Ich bin sehr traurig, weil vor kurzem mein Großvater gestorben ist.	*Mi abuelo se murió hace muchos años.* Mein Großvater ist vor vielen Jahren gestorben.

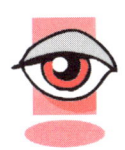

Man berichtet über vergangene Ereignisse im **indefinido**, wenn sie in einem abgeschlossenen Zeitraum – letztes Jahr, letzte Woche, gestern – geschehen sind oder wenn eine innere Distanz zu dem Ereignis eingetreten ist.

EL AÑO PASADO EMPECÉ A ESTUDIAR ESPAÑOL.

Y ESTE AÑO YA HAS APRENDIDO MUCHO.

52 Setze die Zeitwörter im *indefinido* oder *pasado compuesto* ein:

1. Ayer no (poder, nosotros) _____ ir a la playa, pero hoy sí (ir) _____.
2. Esta semana no (llover) _____, la semana pasada (llover) _____ mucho.
3. Ayer no (escribir, yo) _____ en el ordenador, pero hoy (escribir) _____ un mensaje a Carlos.
4. Hace un mes (tener, nosotros) _____ un accidente.
5. ¿Ya (ver, tú) _____ a Blanca hoy? – No, pero la (ver, yo) _____ ayer en el cine.
6. ¿Ya (venir) _____ Paloma y Nuria? – Sí, (venir) _____ a las dos.

53 Wie steht's mit Geschichte? Verbinde die Zeitangaben mit den Ereignissen:

a) 1492	1. Se murió el general Franco.
b) 1789	2. Colón descubrió América.
c) 1936	3. Empezó la Guerra Civil Española.
d) 1945	4. Terminó la Segunda Guerra Mundial.
e) 1975	5. Fue la Revolución Francesa.

54 Was hast du zu den angegebenen Zeitpunkten gemacht?

hace un año – la semana pasada – ayer – el año pasado – el mes pasado – en las últimas vacaciones

Bilde Sätze mit folgenden Zeitwörtern:

hacer un viaje – ir al cine – leer el periódico – comer en un buen restaurante – comprar una bicicleta – conocer a un chico simpático

55 Und was haben Nuria und Michael gestern bzw. heute gemacht oder nicht gemacht? Bilde Sätze mit den Ausdrücken aus beiden Spalten:

Hoy	Ayer
ir al mercado ✓	ver una exposición ✓
hacer compras	visitar un templo azteca ✓
navegar en Internet ✓	ir a la piscina
tomar un taxi	quedar con amigos ✓
escribir postales ✓	traducir una carta ✓

56 Übersetze und bedenke dabei, dass die deutschen Vergangenheitsformen Perfekt und Präteritum nicht unbedingt *pasado compuesto* und *indefinido* entsprechen!

1. Gestern haben wir in einem mexikanischen Restaurant gegessen.
2. Heute bin ich sehr früh aufgestanden.
3. Vor einem Jahr kehrten meine Freunde nach Amerika zurück.
4. Letzten Sonntag haben wir einen guten Film gesehen.
5. Diese Woche habe ich sehr viel gelernt.

HOY HE COMIDO DEMASIADO...

57 Ergänze in der Tabelle die fehlenden Formen – pro Zeitwort jeweils dieselbe Personalform:

Infinitivo	Presente	Indefinido	Pasado compuesto
	te acuestas		
		empezó	
			se han sentido
	se sienta		
		volvieron	
			he entendido
	duermen		

58 Sind in folgenden Sätzen die Formen des *indefinido* und *pasado compuesto* richtig gebraucht? Kreuze C – *correcto* oder F – *falso* an.

	C	F
1. Nuria todavía no conoció a la hermana de Paloma.		
2. El año pasado Paloma no ha estado en México.		
3. Los amigos ya han visto mucho en México.		
4. Esta semana Nuria y Michael vinieron de España.		
5. Ayer Nuria se compró un sombrero mexicano.		
6. Hoy Paloma no hizo muchas compras.		
7. La semana pasada Nuria y Michael han salido con unos amigos mexicanos.		

59 Stelle jetzt die falschen Sätze richtig!

AYER VISITÉ UNA PIRÁMIDE AZTECA.

60 In dieser *sopa de letras* findest du 16 unregelmäßige Indefinidoformen – schreib sie zu den Nennformen dazu und bestimme die Person (*yo, tú,* etc.).

T	I	F	A	S	T	Q	U	I	S	E	S
A	R	E	N	A	R	O	N	U	Y	O	P
C	I	A	S	T	A	E	H	I	Z	O	U
E	R	E	D	U	J	I	S	T	E	I	S
G	I	L	F	U	E	R	O	N	O	S	I
M	E	N	D	I	J	I	S	T	E	I	S
A	R	N	V	I	N	I	E	R	O	N	T
R	O	T	I	O	Z	A	S	E	L	T	E
C	N	Y	S	P	E	F	A	T	S	I	O
R	E	C	T	U	V	E	I	S	E	O	N
A	L	C	E	S	T	U	V	I	M	O	S

CONDUCIR – _____
DECIR – _____
ESTAR – _____
HACER – _____
IR – _____
PONER – _____
QUERER – _____
REDUCIR – _____
REÍR – _____
SABER – _____
SENTIR – _____
TENER – _____
TRADUCIR – _____
TRAER – _____
VENIR – _____
VER – _____

61 Übersetze folgende Zeitangaben:

1. vor einem halben Jahr – _____
2. letztes Monat – _____
3. diese Woche – _____
4. am Samstag – _____
5. im Jahr 2000 – _____
6. vor fünf Wochen – _____
7. letzten Sonntag – _____

¿QUÉ HICISTE TÚ EL DOMINGO PASADO?

FUI AL MERCADO CON MICHAEL.

62 Setze die fehlenden Zeitwörter in der entsprechenden Form von *indefinido* oder *pasado compuesto* ein:

costar – gustar – ir (2x) – vender – ver (2x)

Juana: Michael, ¿ya (1.) _____ al mercado indígena?

Michael: Sí, ayer Nuria y yo (2.) _____ y (3.) _____ algunas cosas muy bonitas. El mercado nos (4.) _____ mucho.

Nuria: Una mujer me (5.) _____ un jersey muy bonito.

Juana: Sabes que aquí no decimos "bonito", decimos "lindo". ¿Y cuánto te (6.) _____ el jersey?

Nuria: No mucho, sólo 10 dólares. Pero esta mañana (7.) _____ uno similar en una tienda por más de 30 dólares.

Juana: Sí, tenéis que comparar los precios, hay grandes diferencias. Normalmente los mercados son más baratos.

HEMOS COMPRADO MUCHAS COSAS.

63 Setze zu den folgenden Indefinidoformen jeweils die Nennform und das Partizip Perfekt ein:

Infinitivo	Indefinido	Participio
	dije	
	hicimos	
	compré	
	dieron	
	abrimos	
	viniste	
	puse	
	pudieron	

Ejercicios finales:

64 Streiche die falsch verwendete Vergangenheitszeit durch:

1. Ayer Michael y Nuria **han hecho / hicieron** compras en un mercado indígena.
2. ¿Ya **habéis escrito / escribisteis** a vuestros amigos españoles?
3. Todavía no **hemos tenido / tuvimos** tiempo para visitar el museo.
4. En el año 1867 **ha muerto / murió** Maximiliano de México.
5. Los españoles **han conquistado / conquistaron** México en el siglo XVI.
6. Hasta ahora no **he leído / leí** mucho sobre la historia de México.
7. **Hemos llegado / llegamos** a México hace dos semanas.

Für 6 richtige Lösungen kommst du auf dem Weg zum Goldschatz auf Seite 175 zwei Steine weiter.

65 Ergänze die fehlenden Verbformen im *indefinido* bzw. im Präsens:

1. *hago*	
2.	*supimos*
3. *empiezan*	
4.	*busqué*
5. *duermen*	
6.	*jugué*
7. *estamos*	
8.	*vieron*
9. *dices*	
10.	*vinisteis*

Für 8 richtige Lösungen darfst du weitere zwei Steine auf Seite 175 vorrücken.

66 Michael hat eine E-Mail an Pepe, einen spanischen Freund, geschrieben; bei den Vergangenheitszeiten sind ihm noch ein paar Fehler unterlaufen. Verbessere die E-Mail – die Ziffern nach den falschen Formen können dir helfen, du musst aber selbst herausfinden, ob die Zeit oder die Formbildung falsch sind:

Hola Pepe:

Ya llevamos algunos días en México – es un país fantástico. Ya vimos (1.) muchas cosas aquí, por ejemplo hemos ido (2.) anteayer a las pirámides de Teotihuacán, cerca de la capital. Yo subé (3.) a la Pirámide del Sol y ha sido (4.) impresionante. Después hemos comido (5.) en un restaurante típico. Ayer hico (6.) mucho calor, pero hoy por la mañana llovió (7.) bastante. Ya conocí (8.) a un chico mexicano que es futbolista – la semana pasada jugé (9.) con él y con algunos amigos suyos. Además fuimos a un mercado indígena – no te puedes imaginar cuántas cosas raras se venden allí. Yo busqué (10.) un poncho típico y al final compré uno muy lindo, como se dice aquí.
Bueno, en mi próximo mensaje te voy a contar más cosas.

Saludos,

Michael.

8 richtige Lösungen bringen dich über den Fluss auf Seite 175.

Zweites Kapitel
Encuentro 2

Das Imperfekt – *El imperfecto*

Michael: Ich glaube, jetzt hab ich's; so schwierig ist der Unterschied zwischen *indefinido* und *perfecto* gar nicht!

Nuria: *Muy bien; lo más difícil es que hay muchas formas irregulares en indefinido.*

Michael: *Sí, los verbos irregulares* – mir ist schon ganz schwindlig im Kopf vor lauter Verbformen ... Juana, ich möchte gern ein wenig mehr über die Azteken und die Mayas wissen – stimmt es, dass sie gute Mathematiker waren und dass sie an viele Götter geglaubt und ihnen Menschenopfer gebracht haben?

Juana: *Sí, es verdad; los mayas ya conocían la cifra cero, construían muchas pirámides, hablaban una lengua muy extraña y, además, ¡ya se hacían "piercings"!*

Michael: *¿Cómo? Conocían, hablaban, hacían – ¿qué formas son ésas?*

Nuria: Ich hab mich nicht getraut es dir zu sagen, aber damit du auf Spanisch über Vergangenes reden kannst, musst du erst noch das *imperfecto* lernen. Aber es gibt eine gute Nachricht: Die Formen sind ganz einfach ...

Michael: *Eso lo dices siempre* – das sagst du jedes Mal!

Nuria: Aber diesmal stimmt es ...

¡MÁS VERBOS!

Formen des *imperfecto*

hablar	sprechen	*comer*	essen	*vivir*	leben
habl*aba*	ich sprach	com*ía*	ich aß	viv*ía*	ich lebte
habl*abas*		com*ías*		viv*ías*	
habl*aba*		com*ía*		viv*ía*	
habl*ábamos*		com*íamos*		viv*íamos*	
habl*abais*		com*íais*		viv*íais*	
habl*aban*		com*ían*		viv*ían*	

Die Formen der Zeitwörter auf *-er* und *-ir* werden auf die gleiche Art und Weise gebildet:
Beachte, dass dabei immer das *-í-* der Endung betont wird: *comía*.
Bei den Zeitwörtern auf *-ar* wird immer das erste *-a-* der Endung betont.

Michael: Und was heißt jetzt *hablaba, comía,* usw.?
Nuria: Das heißt genauso „ich habe gesprochen" bzw. „ich sprach" wie *hablé* oder *comí*. Das Problem ist, dass ihr im Deutschen diesen Unterschied nicht kennt.
Michael: Und wie verwendet man dann diese Form?
Nuria: Pass auf, ich erkläre es dir:

Gebrauch des *imperfecto*

Das *imperfecto* wird verwendet, um Handlungen, Zustände oder Vorgänge in der Vergangenheit zu beschreiben – wenn man fragen kann: **Was war?**, dann verwendet man das **imperfecto**, wenn man fragen kann: **Was geschah?**, dann verwendet man das **indefinido**.
Das **imperfecto** beschreibt also **Zustände** oder **Gegebenheiten** in der Vergangenheit, die bereits da waren, als etwas anderes passiert ist – sie geben einen Rahmen oder Hintergrund ab für die Handlung:

	Das Imperfekt drückt aus:
*Los mayas **sabían** mucho de astronomía.*	Beschreibung eines Zustandes
Die Mayas wussten viel über Astronomie.	
*Cuando **era** niño, **jugaba** mucho al fútbol.*	Beschreibung einer Gewohnheit
Als ich noch ein Kind war, spielte ich oft Fußball.	
*Mi abuela **era** muy simpática y **cocinaba** muy bien.*	Personenbeschreibung
Meine Großmutter war sehr nett und kochte sehr gut.	
*En el mercado **había** mucha gente.*	Schilderung des Hintergrundes
Auf dem Markt waren viele Leute.	
***Hacía** sol cuando salimos de casa.*	Was bereits war, als etwas anderes begann.
Es war sonnig, als wir aus dem Haus gingen.	
***Eran** las seis cuando me desperté.*	Uhrzeiten in der Vergangenheit
Es war sechs Uhr, als ich aufwachte.	

Michael: **Era** kommt wohl von **ser**, also gibt es doch unregelmäßige Formen, ich wusste es doch!

Nuria: *Tranquilo, hay muy pocas formas irregulares:*

Unregelmäßige Formen

ser – sein	**ver** – sehen	**ir** – gehen
era	**veía**	iba
eras	veías	ibas
era	veía	iba
éramos	veíamos	íbamos
erais	veíais	ibais
eran	veían	iban

Michael: *¿Es verdad? ¿Sólo tres verbos irregulares? ¡Fantástico!*

67 Setze jetzt die entsprechenden Formen im *imperfecto* ein:

1. *Antes, la gente no (tener) _____ televisión y no (viajar) _____ mucho.*

2. *Cuando (ser, yo) _____ pequeño, cada año (ir, nosotros) _____ a Italia de vacaciones.*

3. *Antes, no me (gustar) _____ nada el chocolate, pero ahora me encanta.*

4. *(Hacer) _____ muy buen tiempo y (haber) _____ mucha gente en la calle.*

5. *Mi abuelo no (hablar) _____ inglés, pero (saber) _____ perfectamente francés.*

68 *Rompecabezas*: Wie viele Imperfectoformen kannst du in dieser Schlange finden? Jeder Endbuchstabe ist gleichzeitig der Anfangsbuchstabe des nächsten Zeitwortes.

69 Schreib jetzt die gefundenen Formen auf und setze in der rechten Spalte die Nennform hinzu:

Imperfecto	Nennform
tomabas	tomar
sabía	saber
aprendíamos	aprender
salían	salir
navegabais	navegar
sentía	sentir
andábamos	andar

ANTES SIEMPRE JUGABA CON MUÑECAS.

Michael: Wenn ich also zum Beispiel erzählen will, wie es früher war, dann verwende ich das *imperfecto*?

Nuria: *Exacto*, ganz genau – erzähl mir doch einmal, ¿qué hacías en tus vacaciones cuando eras niño?

70 Setze die Zeitwörter in Michaels Bericht ins *imperfecto*:

1. *Pues, normalmente en julio mi familia y yo (ir) _____ a Italia, a la playa.*
2. *Allí yo (nadar) _____ en el mar, (construir) _____ castillos de arena y (jugar) _____ al voleibol con mis amigos.*
3. *Cada día (comer, yo) _____ helado, me (gustar) _____ más el helado de chocolate.*
4. *Al mediodía (ir, nosotros) _____ de picnic a la playa, y por la noche (comer, nosotros) _____ en una pizzería.*
5. *También (montar, yo) _____ mucho en bicicleta. (Poder, nosotros) _____ alquilar bicis allí.*

Um Gewohnheiten zu beschreiben kann man auch die Struktur **soler + Infinitiv** benutzen. *Soler* heißt: „normalerweise etwas tun", entspricht dem englischen „to use to".
Solíamos ir a la playa. Wir gingen **normalerweise** an den Strand.

SOLÍA CONSTRUIR CASTILLOS DE ARENA EN LA PLAYA.

71 Forme die folgenden Sätze zur Struktur *soler* + Infinitiv um:

Beispiel: Normalmente tomábamos café. →
Solíamos tomar café.

1. *En invierno siempre íbamos a esquiar a los Alpes.* →
   _____

2. *En Navidad mi madre cocinaba pescado.* →
   _____

3. *En Nochevieja hacíamos fuegos artificiales.* →
   _____

4. *El Domingo de Resurrección buscábamos huevos en el jardín.* →
   _____

5. *Los fines de semana yo veía dibujos animados en la tele.* →
   _____

Unterschiedlicher Gebrauch von *imperfecto* und *indefinido*

Das *imperfecto* gibt an, was bereits im Gange war, als ein anderes Ereignis begann. Das *imperfecto* drückt einen **Zustand** aus, das *indefinido* eine **Aktion**.

NURIA ESTABA ENFERMA CUANDO SUS AMIGOS CELEBRARON UNA GRAN FIESTA...

72 Du erinnerst dich sicherlich noch an den ersten Bericht des *detective* Gafas aus Mexiko. Nun hat er ihn um einige zusätzliche Informationen erweitert:

Los dos llegaron al aeropuerto a las once de la mañana. La señorita Rubio (llevar) (1.) _____ un vestido blanco, (ser) (2.) _____ muy elegante. (Hacer) (3.) _____ mucho calor. Delante del aeropuerto ya les (esperar) (4.) _____ un taxi. En seguida fueron en taxi al Hotel Palace. Dejaron las maletas en la habitación Nr. 455 y tomaron un cóctel de bienvenida en el bar del hotel. Después el señor Amoroso llamó por teléfono y la señorita saludó a un joven americano que (ser) (5.) _____ muy alto y guapo. (Tener) (6.) _____ el pelo castaño. A las dos vinieron dos señores de la empresa que (parecer) (7.) _____ ser muy importantes y hablaron con el señor Amoroso, pero no pude oír lo que dijeron. Los cuatro comieron en el restaurante del hotel. La señorita Rubio (estar) (8.) _____ muy contenta. A las siete el señor Amoroso y la señorita se fueron a la habitación y ya no salieron.

73 Anhand dieser erweiterten Erzählung kannst du den Unterschied im Gebrauch von *imperfecto* und *indefinido* ableiten. Trage in zwei Spalten auf Deutsch ein, was in diesem Text im *imperfecto* und im *indefinido* ausgedrückt wird:

Imperfecto	Indefinido
Señorita Rubio trug ein weißes Kleid, ...	Sie kamen um elf an. ...

74 Setze in folgenden Sätzen die Zeitwörter im *imperfecto* oder *indefinido* ein. Überlege dir vorher genau, welche Handlung bereits im Gange war, als eine andere einsetzte:

Beispiel: *La familia veía la tele cuando llegó una visita inesperada.* → Die Familie sah gerade fern, als unerwarteter Besuch kam.

1. Nos (dar, nosotros) _____ un paseo cuando (empezar) _____ a llover.

2. Todavía (dormir, yo) _____ cuando (sonar) _____ el teléfono.

3. (Hacer) _____ sol y calor cuando (llegar, nosotros) _____ a México.

4. Cuando (morir) _____ mi abuelo, yo (tener) _____ diez años.

5. Cuando (ver, yo) _____ a mi novia por primera vez, ella (llevar) _____ una minifalda azul.

6. (Mirar) _____ la ropa en una tienda cuando un ladrón me (robar, él) _____ el bolso.

MIRABA LA ROPA EN UNA TIENDA CUANDO ME ROBARON EL BOLSO.

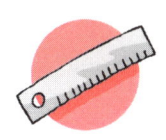

Fassen wir den Gebrauch von *imperfecto* und *indefinido* nochmals zusammen:

Imperfecto	Indefinido
Gewohnheiten in der Vergangenheit:	**Einzelne, abgeschlossene Ereignisse:**
Cuando era niño, siempre jugaba al fútbol en el parque.	*Ayer jugué al fútbol con mi amigo Miguel.*
Als ich klein war, spielte ich immer im Park Fußball.	Gestern spielte ich mit meinem Freund Michael Fußball.
Beschreibungen in der Vergangenheit:	**Aktionen und Ereignisse in der Vergangenheit:**
Mi abuela era baja y tenía los ojos azules.	*Mi abuela se murió en el año 1994.*
Meine Großmutter war klein und hatte blaue Augen.	Meine Großmutter starb im Jahr 1994.
Handlungen, die im Gange waren, als etwas anderes einsetzte:	**Plötzlich neu einsetzende Handlungen:**
Hablaba con mi amigo ...	*... cuando en la calle pasó un accidente.*
Ich sprach gerade mit meinem Freund, ...	... als auf der Straße ein Unfall passierte.
Parallel verlaufende Handlungen:	**Aufeinander folgende Handlungen:**
Mientras yo veía la tele, mi hermano estudiaba.	*Llegué a casa, preparé un café y puse la tele.*
Während ich fernsah, lernte mein Bruder.	Ich kam nach Hause, machte Kaffee und schaltete den Fernseher ein.

Um die Zeiten richtig anzuwenden, solltest du auch folgende Konjunktionen und Adverbien kennen:

| cuando – als | de repente – plötzlich |
| mientras – während | de pronto – plötzlich |

75 Setze in folgenden Sätzen *cuando, mientras, de repente* ein:

1. *Michael y Nuria cenaban en un restaurante mexicano. _____ Michael se sintió muy mal.*

2. *_____ Blanca y Paloma visitaban un museo, Juana iba de compras.*

3. *Hacía mucho calor _____ los amigos visitaron las ruinas de Teotihuacán.*

4. *_____ llegaron los españoles, en México reinaba el emperador Moctezuma.*

5. *Tomábamos café cuando _____ sonó mi móvil.*

76 Setze als Training die fehlenden Formen ein:

Infinitivo	Presente	Indefinido	Imperfecto	Pasado compuesto
	vuelves			
		durmió		
			íbamos	
				hemos dicho
	recomiendo			

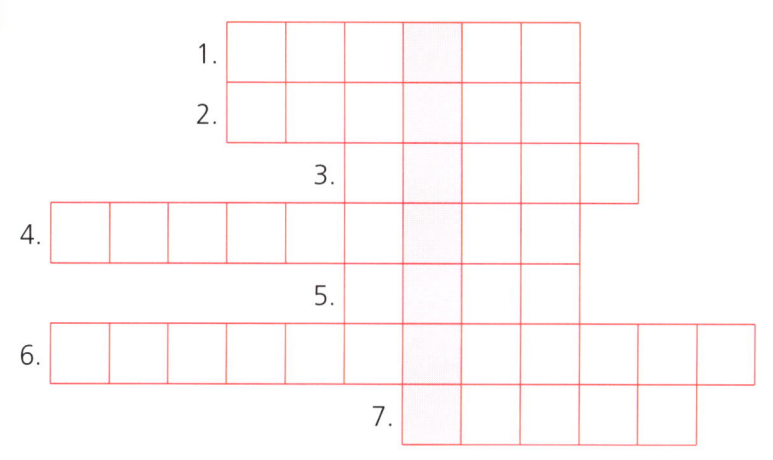

77 Knacke das Kreuzworträtsel: Was weißt du alles über Mexiko?

1. ... Cortés conquistó México para el imperio español.
2. Así llamaban los aztecas a una fruta roja y redonda. Hoy la encuentras en ensaladas, pizzas, etc.
3. Verdura muy picante; seguro que conoces el ... con carne.
4. Último emperador de los aztecas.
5. Civilización indígena más antigua que la de los aztecas. Este pueblo construía pirámides en la selva.
6. Volcán más alto y más famoso de México.
7. En vez de "bonito" en México se dice ... .

Solución: Éste era el idioma de los aztecas: _____

ENCONTRAMOS MUCHOS PRODUCTOS EN MÉXICO: TABACO, TOMATES, CHOCOLATE...

78 Du erinnerst dich sicher noch an den Unterschied zwischen **ser, estar** und **hay.** Diesen muss man natürlich auch in der Vergangenheit beachten – setze in den folgenden Sätzen das passende Zeitwort im *indefinido* oder *imperfecto* ein.

> Zur Erinnerung: *imperfecto* von *hay* = **había**: es gab
> *indefinido* von *hay* = **hubo**: es gab, es geschah

1. Hace cien años no _____ ni ordenadores, ni videojuegos.
2. ¡Qué horror! Cuando _____ (yo) saliendo del bar, _____ un terrible accidente en la calle.
3. _____ las nueve de la mañana, pero ya _____ muchísima gente en el mercado.
4. Ayer mi amiga y yo _____ en la playa para tomar el sol.
5. La capital del imperio azteca, Tenochtitlán _____ muy grande y muy bonita. _____ pirámides y casas ricas y la ciudad _____ situada en un lago enorme.
6. La guerra entre los conquistadores y los aztecas _____ larga y cruel.

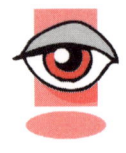

Wie du schon im Kapitel über das *indefinido* gehört hast, nehmen die Zeitwörter **conocer** und **saber** eine andere Bedeutung an, je nachdem, ob sie im *indefinido* oder im *imperfecto* gebraucht werden.

> **Conocer** im *indefinido* = kennen lernen
> **Conocer** im *imperfecto* = kennen
>
> **Saber** im *indefinido* = erfahren
> **Saber** im *imperfecto* = wissen

79 Übersetze:

1. Gestern habe ich ein hübsches Mädchen kennen gelernt.
2. Ich wusste nicht, dass die Mayas Pyramiden bauten (bauen = *construir*).
3. Ich habe das erst gestern erfahren.
4. Wir kannten das neue Museum noch nicht.

¿VAMOS A TOMAR UNAS TORTILLAS?

¡FANTÁSTICO!

80 Nuria hat eine E-Mail von ihrer Freundin Carmen erhalten, die während des Urlaubs auf Diablo, Nurias Katze, aufpasst. Durch einen Übertragungsfehler sind die Zeitwörter leider unvollständig – ergänze die Verben im *imperfecto* oder *indefinido*:

Querida Nuria:

Tu gato no sólo se llama Diablo – ¡este gato es el diablo! Sabes lo que (1.) h_z_ ayer? Pues yo (2.) est___ fuera porque (3.) qu____ hacer la compra. Creo que sólo (4.) tard_ media hora. Cuando (5.) volv_ a casa, todo (6.) est___ patas arriba: el florero (7.) est___ roto en el suelo, la nevera y la lavadora (8.) est____ abiertas y (9.) h_ b__ leche derramada en toda la cocina. ¿Y Diablo? Pues no lo (10.) pu__ encontrar en ningún sitio. (11.) Gri__ varias veces: "Diablo, ¿dónde estás?", pero no (12.) apare___. Después de una hora, lo (13.) encont__ por fin. ¿Sabes dónde se (14.) escond__? Detrás del armario. Y cuando lo (15.) saq__ de allí, se rió de mí. ¿Qué hago con él ahora? ¡Contéstame pronto!

Un fuerte abrazo,

Carmen

Vocabulario:
estar patas arriba = durcheinander sein
leche derramada = verschüttete Milch

---

81 Ordne die folgenden Sätze in die richtige Reihenfolge:

1. *Carmen / mientras / la / Diablo / el / florero / rompió / hacía / compra.*

   _____

2. *Cuando / estaba / salió / Carmen / Diablo / casa / de / durmiendo.*

   _____

3. *Volvió / cuando / se / Carmen / gato / escondió / el / rápidamente.*

   _____

4. *Estaba / Carmen / cuando / el / encontró / furiosa / gato.*

   _____

82 *Revoltigrama:* Finde die Imperfecto- oder Indefinidoform folgender Zeitwörter:

> decir – escribir – hacer – sacar – soler – tomar – traer

Hast du sie in die richtige Form gebracht, so ergibt sich ein Lösungswort (der Ort, an dem sich Diablo am liebsten aufhält!).

1. A Q E S U: _ [_] _ _ _
2. J A R T E S T I: _ [_] _ _ _ _ _ _
3. M O B A T A: _ _ [_] _ _ _
4. C A M A H I O S: _ [_] _ _ _ _ _ _
5. B I R O S E I C: _ _ _ [_] _ _ _ _
6. C A I D E S: _ _ _ [_] _ _
7. N A L I O S: _ [_] _ _ _ _

Solución: _ _ _ _ _ _ _

---

83 Übersetze und beachte dabei den Gebrauch von *imperfecto* und *indefinido*:

Parallele Handlungen: → *Imperfecto*
Aufeinander folgende Handlungen: → *Indefinido*
Unterbrochene / unterbrechende Handlung: → *Imperfecto / indefinido*

1. Während Michael und Nuria Einkäufe machten, ging Paloma spazieren.
2. Die Freunde aßen Tortillas und danach gingen sie ins Kino.
3. Wir tranken gerade Kaffee, als es zu regnen begann.
4. Als wir zum Museum kamen, war es bereits geschlossen.
5. Gestern sind wir nach Teotihuacán gefahren und sind auf die Sonnenpyramide gestiegen.

> AYER SUBIMOS A LA PIRÁMIDE DEL SOL.

84

Im Hotel Palace herrscht helle Aufregung: Ein Gast wurde ermordet! Der Mord geschah um 9 Uhr abends. Es handelt sich um Herrn Rico, einen Geschäftspartner von Herrn Amoroso. Nun wird auch dieser verdächtigt. *Detective* Gafas ermittelt auf eigene Faust und befragt einige Gäste. Alle seine Notizen vermerkt er in seinem Taschencomputer, der wieder mal alle Zeitwörter im Infinitiv wiedergibt – kannst du *detective* Gafas helfen, seine Notizen richtig zu stellen?

¿Quién no tiene coartada? – Wer hat kein Alibi?

1. *El asesinato (cometerse) _____ ayer a las nueve de la tarde. A las once de la noche una camarera (encontrar) _____ el cadáver que (estar) _____ en el baño. El hombre (llevar) _____ un traje negro.*

2. *A la hora del asesinato el señor Amoroso (comer) _____ con la señorita Rubio en un pequeño restaurante en el centro. Los dos (llegar) _____ allí a las ocho y media y (salir) _____ a las diez.*

3. *Hans Gierig, un joven austríaco, dice que, a la hora del asesinato, (darse) _____ un paseo por el centro. Dice que no (conocer) _____ al señor Rico, pero el recepcionista dice que, ayer a las siete, (ver) _____ cómo los dos (discutir) _____ en la sala del hotel. Cree que se (tratar) _____ de dinero.*

4. *El señor García, que (trabajar) _____ también en la empresa del señor Rico, dice que a la hora del asesinato no (estar) _____ en el hotel. Hay un testigo que dice que a las siete y media lo (recoger) _____ un taxi.*

85 Natürlich ist für *detective* Gafas jetzt alles klar – er schickt dem mexikanischen Freund Buenolfato eine SMS mit einem Hinweis auf den Mörder – um Geld zu sparen lässt er aber fast alle Vokale weg! Kannst du die Mitteilung entschlüsseln?

¡El sñr mrs es ncnt! Estv n un rstrnt cn la sñrt rb. Hns Grg no tn crtd. Él asesn al sñr rco prqu el sñr rco no le qur dr un mlln de dlrs. Slds, Gfs.

86 Um der Polizei mehr Information über seinen Verdächtigen liefern zu können und Herrn Amoroso zu entlasten, beschließt *detective* Gafas sich mit seinem alten Freund Wilfried von der Wiener Polizei in Verbindung zu setzen – Gafas nennt ihn immer nur *zorrito*, weil er den Namen nicht aussprechen kann und der *comisario* so schlau ist … Als das Fax ankommt, hat leider jemand Kaffee darüber gekleckst – kannst du *zorrito* helfen, die nicht mehr lesbaren Wörter zu ergänzen?

asesinato – ayuda – cuántos – estoy – información – por – por qué

Hola zorrito,

una vez más necesito tu ⬤ en un caso muy extraño. ⬤ en México y en mi hotel se ha cometido un ⬤. Yo creo que ya he solucionado el caso – el asesino es un austríaco. Se llama Hans Gierig. ¿Me puedes dar alguna ⬤ sobre él? ¿Ha cometido también algún crimen en Austria? ¿Dónde vive? ¿De qué vive? ⬤ años tiene? ⬤ ha venido a México? ¿Tiene familia? ¿Cómo es su situación económica? ¡Muchas gracias ⬤ tu ayuda!

*Un cordial saludo,
tu amigo Gafas*

87 Die Antwort lässt nicht lange auf sich warten – da *zorrito* zwar sehr schlau ist, jedoch nicht perfekt Spanisch kann, hat er alle Zeitwörter im Infinitiv belassen; mit deiner Hilfe kann Gafas die Information aber sicher in eine korrekte Form bringen – allerdings musst du die Verben im *presente, pasado compuesto, indefinido* und *imperfecto* ergänzen! Streiche die Infinitive und setze die Verbformen richtig ein.

Hola amigo Gafas,

claro que te ayudar (yo) _____ (1.). Hans Gierig ser

_____ (2.) muy peligroso. Ya cometer (él) _____

(3.) algunos crímenes. Hace tres años estar (él) _____ (4.) en

la cárcel aquí porque en el año 1999 asesinar (él) _____ (5.)

a un banquero. Entonces también se tratar _____ (6.) de

mucho dinero. Hace un año Gierig huir _____ (7.) de la cárcel

y se ir _____ (8.) al extranjero. No saber (yo)

_____ (9.) que estar (él) _____ (10.) en México.

Bueno, el hombre nacer _____ (11.) en 1979 en Viena.

Normalmente vivir (él) _____ (12.) en Viena. No tener (él)

_____ (13.) profesión.

¡Mucha suerte con tu caso!
Un cordial saludo,
"zorrito"

88 Zeit, wieder mal die Formen zu wiederholen: Setze die fehlenden Verbformen ein!

Infinitivo	Presente	Indefinido	Imperfecto	Pasado compuesto
	empiezas			
		trajo		
			sabíamos	
				he tenido
	conozco			

89 Streiche die falschen Zeitwortformen!

1. deciste _____
2. comábamos _____
3. supieron _____
4. hacabas _____
5. empiezaron _____
6. creyó _____
7. tomían _____
8. producisteis _____
9. vinimos _____
10. bebían _____
11. pedió _____
12. fuieron _____
13. éramos _____
14. encontrieron _____
15. acuestaba _____
16. quisiste _____
17. dormieron _____
18. ponieron _____

90 Stelle die falschen Formen in Übung 89 nun richtig und füge die Nennformen dazu.

91 Knacke das Kreuzworträtsel: Errätst du diese berühmten Persönlichkeiten anhand ihrer Taten?

1. *Se hizo emperador de los franceses a sí mismo.*
2. *Construyó el monumento más famoso de París.*
3. *Descubrió América.*
4. *Escribió el "Don Quijote".*
5. *Fue el primer hombre en la luna.*
6. *Amó a Cleopatra.*
7. *Compuso nueve sinfonías.*

Solución: *Pintor español; pintó el cuadro "Guernica":* _____

92 *Trabalenguas:* Lies den Zungenbrecher möglichst schnell und beachte die Betonung der Indefinidoformen:

Compré pocas copas, pocas copas compré y como compré pocas copas, pocas copas pagué.

93 Welches Wort gehört nicht in die logische Reihe?

1. *vino – trajo – compró – dijo*
2. *dábamos – conocía – llevaba – tomaba*
3. *hablaste – venía – vendió – pusimos*
4. *bebí – tuve – estuve – pude*
5. *comimos – estaba – produjeron – vimos*

94 Kombiniere folgende Satzteile zu sinnvollen Sätzen:

1. *Ayer Nuria conoció a un chico*
2. *Michael y Nuria comieron en un restaurante*
3. *Juana les presentó a una amiga*
4. *Carlos se compró un jersey*
5. *Cuando los amigos visitaron las pirámides*
6. *En el zoo vieron animales extraños*

a. *donde había música mexicana.*
b. *que no conocían.*
c. *no había muchos turistas.*
d. *que era muy guapo.*
e. *que trabajaba en Televisión.*
f. *que era barato y cómodo.*

95 Michael erzählt Nuria ein Märchen – wähle die richtige Verbform aus!

Michael: Nuria, da wir schon von seltsamen Tieren sprechen, kennst du das Märchen vom Froschkönig? Wie heißt es auf Spanisch?

Nuria: En español se llama El rey Sapo. Pero no me acuerdo, cuéntamelo, por favor.

Michael: Pues, érase una vez una princesa muy guapa que (1.) **vivió / vivía** con su padre el rey en un palacio maravilloso. Cerca del palacio (2.) **había / hubo** un enorme bosque oscuro en el que (3.) **había / hubo** una fresca fuente. En días de mucho calor, la princesa (4.) **se fue / se iba** al bosque, (5.) **se sentó / se sentaba** en el borde de la fuente y (6.) **jugaba / jugó** con una bola de oro que (7.) **era / fue** su juguete favorito. Un día la bola de oro se le (8.) **cayó /caía** al agua y en seguida (9.) **desapareció / desaparecía**, porque la fuente (10.) **era / fue** muy profunda. Entonces la princesa (11.) **se puso / se ponía** muy triste y (12.) **se echó / se echaba** a llorar. De pronto alguien le (13.) **habló / hablaba**: "¿Qué te pasa, princesa?". Ella (14.) **se volvió / se volvía** y (15.) **vio / veía** a un sapo muy gordo y feo. "Es que he perdido mi bola de oro. Si puedes sacármela del agua te daré todo lo que quieras." – "Entonces, si me prometes que me das un beso, te voy a ayudar." La princesa lo (16.) **prometió / prometía**. Después de unos minutos el sapo (17.) **volvió / volvía** con la bola de oro y (18.) **dijo / decía**: "Ahora tienes que besarme." Aunque de muy mala gana, la princesa le (19.) **dio / daba** un beso – y de repente el sapo se (20.) **convirtió / convertía** en un príncipe hermoso y amable que (21.) **tenía / tuvo** un reino muy grande. Los dos se (22.) **casaron / casaban** y algunos años más tarde ya (23.) **tenían / tuvieron** dos hijos. Y colorín colorado, este cuento se ha acabado.

Vocabulario:
la fuente	= die Quelle
la bola de oro	= die goldene Kugel
echarse a llorar	= zu weinen beginnen
de muy mala gana	= sehr widerwillig
convertirse en	= sich verwandeln in
Y colorín colorado ...	= und wenn sie nicht gestorben sind ...

Nuria: ¡Qué cuento más bonito! Aber weißt du auch, dass man womöglich viele Frösche küssen muss, ehe ein Prinz darunter ist ...?

¿CUÁL ES EL PRÍNCIPE?!

96 Kannst du folgende Sätze den entsprechenden Märchen zuordnen?

1. Los niños se pusieron a caminar y después de unos días encontraron una casa que estaba construida con pan.
2. El príncipe bailó sólo con ella y sus hermanas no la reconocieron, tan bella estaba con su vestido dorado.
3. Puso su pata en la ventana, y, al ver que era blanca, creyeron lo que decía y abrieron la puerta.
4. De nuevo llegó un príncipe y oyó contar la historia del castillo donde una princesa dormía desde hacía cien años.
5. Por la noche, cuando los enanos volvieron a casa, encontraron a la niña en el suelo y vieron que estaba muerta.

a. Blancanieves y los siete enanitos
b. Hansel y Gretel
c. La Cenicienta
d. El lobo y los siete cabritos
e. La Bella Durmiente del bosque

Michael: Nuria, was ich immer noch nicht richtig verstehe: Wann sage ich eigentlich *desde*, wann *desde hace*, *hace* usw. Ich finde, das ist kompliziert!
Nuria: ¡Qué va! Es muy fácil, te lo explico:

Einige wichtige Zeitpräpositionen:
Desde – seit + Zeitpunkt
Vivo en Madrid desde 1998. Ich lebe seit 1998 in Madrid.
Desde hace – seit + Zeitraum
Vivo en Madrid desde hace 5 años. Ich lebe seit 5 Jahren in Madrid.
Hace – vor + Zeitraum
Llegué a Madrid hace 5 años. Ich kam vor 5 Jahren nach Madrid.
Hasta – bis
Estudié en México desde 1999 hasta 2001. Ich studierte von 1999 bis 2000 in Mexiko.
A + Uhrzeit – um
El tren llega a las tres en punto. Der Zug kommt um Punkt drei Uhr an.
Por la mañana, por la tarde etc. – am Vormittag, Nachmittag

> **In Zusammenhang mit Wochentagen wird keine Präposition verwendet!**
> ***El domingo hacemos una excursión.*** – Am Sonntag machen wir einen Ausflug.

Y TÚ, ¿QUÉ HACES EL DOMINGO?

97 Ergänze die folgenden Sätze mit *a – desde – desde hace – hace – hasta – por*.

1. ¿_____ qué hora cierran los bancos? – Creo que están abiertos _____ las diez de la mañana _____ las tres de la tarde.

2. Juana, tú llevas ya muchos años en México, ¿verdad? – Sí, vivo aquí ya _____ diez años.

3. ¿Tienes coche nuevo, Carlos? – Sí, lo compré _____ un mes, más o menos.

4. _____ ayer me siento bastante mal. Tengo tos y estoy cansado.

5. Hoy _____ la noche podemos ir al cine, ¿qué te parece? – Genial, quedamos _____ las nueve en la puerta del cine?

6. _____ algunas semanas fuimos a Acapulco – ¡qué lindo!

98 Nuria befindet sich in einer kniffligen Lage – in einer SMS bittet sie Juana um Hilfe; allerdings hat sie, um Geld zu sparen, weder Wortgrenzen noch Satzzeichen gesetzt. Kannst du die Nachricht entziffern?

Holajuanatengounproblemahaceunahoramehanrobadoelbolsoconmim onederoymibilletedemetroyahehabladoconlapolicíaperoahoranosécóm ollegaratucasaestoyenelzócalomepuedesrecogerporfavorunbesonuria.

99 Übersetze:

1. Michael lernt seit einem Jahr Spanisch.
2. Vor einigen Tagen besuchten Nuria und Michael die Stadt Puebla.
3. Am Samstag gehen wir in die Diskothek.
4. Seit 1995 arbeitet Carlos in Madrid.

100 Kannst du die folgenden biografischen Daten ordnen? Um welche berühmte Persönlichkeit handelt es sich? Jedem Satz ist ein Buchstabe zugeordnet – wenn du die richtige Reihenfolge gewählt hast, ergibt sich der spanische Name der Person:

1. *Su padre era artesano.* **(R)**
2. *Volvió a España con sólo dos carabelas. Todavía pensaba que había llegado a la India.* **(L)**
3. *La reina Isabel le dio tres carabelas.* **(A)**
4. *El 20 de mayo de 1506 murió en Valladolid.* **(N)**
5. *El 3 de agosto de 1492 salió del puerto de Palos.* **(C)**
6. *Se fue a Portugal para estudiar cartografía y navegación.* **(S)**
7. *Ya de niño se interesaba mucho por la navegación.* **(I)**
8. *Tuvo una idea revolucionaria – buscar el camino a la India cruzando el mar Atlántico.* **(T)**
9. *Convenció a los reyes Fernando e Isabel de su idea de ir a la India.* **(B)**
10. *Las carabelas se llamaban la Santa María, la Pinta y la Niña.* **(L)**
11. *El 12 de octubre de 1492 llegó a una isla y le dio el nombre de San Salvador.* **(O)**
12. *Nació en Génova en 1451.* **(C)**
13. *En 1484 fue a España para presentar su idea a los reyes españoles.* **(O)**
14. *Hizo tres viajes más al Nuevo Mundo.* **(O)**

Vocabulario:

el artesano = der Handwerker
la navegación = die Seefahrt
la cartografía = die Kartographie
la carabela = die Karavelle (Schiffstyp)

Solución: __ __ __ __ __ __ __ __ __

__ __ __ __ __

101 Streiche das Wort, das nicht in die Reihe passt:

1. compraste – viniste – vivías – hiciste
2. hasta – hace – hacia – hacían
3. pedimos – pudimos – poníamos – pusimos
4. estabas – tenías – parecía – sentía
5. pones – pudiste – pusiste – ponías

Ejercicios finales:

102 Bilde die jeweils fehlenden Verbformen in der Reihenfolge Präsens – *indefinido – imperfecto*:

1. _____ – dijiste – decías

2. entiendo – _____ – entendía

3. vuelven – volvieron – _____

4. veo – vi – _____

5. conoce – _____ – conocía

6. repito – repetí – _____

5 richtige Lösungen bringen dich auf dem Weg zum Goldschatz um zwei Steine weiter.

103 Unterstreiche im folgenden neuerlichen Bericht über Diablo die jeweils richtige Form:

Hola Nuria:

*¿Cómo estáis? Aquí todo va bien – más o menos. Ayer (1.) **fui / iba** con Diablo a la consulta del veterinario por lo de la vacuna. Bueno, cuando (2.) **llegamos / llegábamos**, ya (3.) **hubo / había** mucha gente que (4.) **estuvo / estaba** esperando. Sobre todo me (5.) **llamó / llamaba** la atención un joven muy guapo y simpático que (6.) **tuvo / tenía** un perrito. (7.) **Empecé / empezaba** a hablar con el chico quien realmente (8.) **fue / era** un encanto. Pero, ¿sabes lo que (9.) **hizo / hacía** Diablo? Cuando (10.) **se dio / se daba** cuenta de que el chico me (11.) **gustó / gustaba**, (12.) **se lanzó / lanzaba** sobre el pobre perrito y lo (13.) **mordió / mordía**. Y después, como siempre, (14.) **desapareció / desaparecía** y yo (15.) **tuve / tenía** que disculparme. ¡Seguro que el chico ahora ya no me quiere volver a ver!*

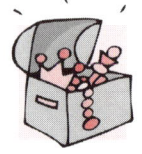

*Con un triste saludo,
Carmen*

Vocabulario: darse cuenta de = bemerken
lanzarse = sich stürzen
morder = beißen

12 richtige Lösungen bringen dich auf dem Weg zum Goldschatz um zwei Steine weiter.

104 Korrigiere in folgender E-Mail-Nachricht die Fehler. Als Hilfe findest du nach jedem fehlerhaften oder fehlerhaft verwendeten Wort eine Ziffer.

Hola Pepe:

Ahora ya estamos desde (1.) tres semanas en México y estoy fascinado. Ya hemos visto y vivido tantas cosas interesantes. Desde hace (2.) unos días por ejemplo íbamos (3.) a una fiesta mexicana – allí hubo (4.) chicas muuuy lindas! La comida era fantástica, pero muy picante – yo comía (5.) unas tortillas mexicanas, pero creo que después tomí (6.) diez vasos de agua ... En (7.) las diez llegaba (8.) un grupo de mariachis y todos bailaron y cantaron. Yo también bailaba (9.) con una chica muy simpática. Me dijo que fue (10.) de Yucatán y que sólo estuvo (11.) de visita en la capital. Se llamó (12.) Lorena – un nombre muy lindo, ¿verdad? Bueno, la próxima vez te voy a contar más.

Un abrazo,
Michael

9 richtige Lösungen bringen dich am Jaguar vorbei.

Drittes Kapitel
Encuentro 3

Der Konjunktiv – *El subjuntivo*

Michael: Los tacos me encantan, están riquísimos, ¿no?

Nuria: Pues sí, ¡qué ricos! La cocina mexicana es una cocina de sabores variados y exóticos.

Juana: *Esto hace que sea famosa en el mundo entero.* Deshalb ist sie auf der ganzen Welt berühmt. *Con el paso de los siglos se ha combinado la cocina mexicana con la española y ha nacido una con sabores fuertes. Espero que probéis todos mis platos favoritos.* Ich hoffe, ihr kostet alle meine Lieblingsgerichte.

Carlos: Y hay que beber tequila.

Juana: *Tienes razón, Carlos. El tequila es el que les da aroma y ese sabor especial a las fiestas mexicanas.* Erst der Tequila verleiht den mexikanischen Festen Aroma und den speziellen Geschmack. *Quiero que ahora celebremos una fiesta, que comamos más tacos y que tomemos unos traguitos de tequila.*

Michael: Nuria, ¿en México se conjuga el presente de los verbos de otra forma? ¿Por qué se dice celebremos, comamos y tomemos?

Nuria: *Son las formas del subjuntivo. ¿Todavía no te las he explicado?* Habe ich sie dir noch nicht erklärt? Na dann pass' gut auf, *no es tan fácil*, aber wir alle helfen dir beim Üben und du weißt, *la práctica hace al maestro*, Übung macht den Meister.

Im Gegensatz zum **indicativo** – der Wirklichkeitsform, die einen tatsächlichen Sachverlauf wiedergibt: **Michael aprende el subjuntivo**. Michael lernt den *subjuntivo*, – handelt es sich beim **subjuntivo** um eine Möglichkeitsform, mit der der Sprecher / die Sprecherin eine persönliche Haltung oder Meinung kundtut: **Es importante que Michael aprenda el subjuntivo**. Es ist wichtig, dass Michael den *subjuntivo* lernt.

Das spanische Wort **subjuntivo** wird oft verwirrenderweise mit dem deutschen Wort **Konjunktiv** übersetzt, hat aber keine vergleichbaren Strukturen im Deutschen, da der *subjuntivo* in seiner Bedeutung und Anwendung vom deutschen Konjunktiv sehr verschieden ist. Wie du bereits bei den Vergangenheitszeiten gesehen hast, solltest du daher so weit wie möglich versuchen, dich vom Deutschen zu lösen und auf Spanisch zu „denken". Am Anfang ist das selbstverständlich etwas schwierig, daher bekommst du verschiedene Anhaltspunkte, wann du den *subjuntivo* verwenden musst, und vergiss nicht, *la práctica hace al maestro*.

Der *subjuntivo* drückt – global gesehen – folgende zwei Dinge aus:

1. Etwas wird gewünscht, ist aber noch nicht vollzogen, vergleichbar mit der Befehlsform: „Mach das Fenster auf!" heißt soviel wie „Ich möchte / wünsche / befehle /..., dass du das Fenster aufmachst."

2. Die gemachte Aussage ist persönlich gefärbt: „Ich freue mich, dass du mitkommst." (Ein anderer freut sich vielleicht nicht!) Oder: „Es ist schade, dass er nicht mitkommen kann." (Der Sprecher / Die Sprecherin findet es in diesem Fall schade.)

Die Bildung des *presente de subjuntivo*

Regelmäßige Zeitwörter – *Verbos regulares*

Die Endungen des *subjuntivo* im Präsens sind beinahe gleich wie die des *indicativo*, einzig und allein die für jede Verbgruppe charakteristischen Endvokale werden ausgetauscht: Die Verben auf **-ar** bekommen den Vokal **-e**, jene auf **-er** und **-ir** bekommen den Vokal **-a**. Ausgangsform für die Subjuntivoformen ist immer die 1. Person Einzahl des Indikativ Präsens. An diesen Stamm werden die entsprechenden Endungen angehängt.

Die Formen des *subjuntivo* der regelmäßigen Verben lauten somit:

Nuria quiere que Nuria möchte, dass	hablar	aprender	escribir
(yo)	habl**e** ich spreche	aprend**a** ich lerne	escrib**a** ich schreibe
(tú)	habl**es** du sprichst	aprend**as** du lernst	escrib**as** du schreibst
(él, ella, usted)	habl**e** er, ... spricht	aprend**a** er, ... lernt	escrib**a** er, ... schreibt
(nosotros/-as)	habl**emos** wir sprechen	aprend**amos** wir lernen	escrib**amos** wir schreiben
(vosotros/-as)	habl**éis** ihr sprecht	aprend**áis** ihr lernt	escrib**áis** ihr schreibt
(ellos, ellas, ustedes)	habl**en** sie, ... sprechen	aprend**an** sie, ... lernen	escrib**an** sie, ... schreiben

Michael: ¿Eso es todo? Las formas no son tan difíciles como pensaba yo.
Nuria: Entonces ...¡a practicar!

105 Wandle jetzt zur Übung ein paar regelmäßige Zeitwörter im *subjuntivo* ab und achte besonders darauf, dass die Endungen in der ersten und dritten Person Einzahl gleich sind!

trabajar	comer	vivir	ayudar	beber	abrir

106 Ordne jetzt folgende Subjuntivoformen den richtigen Personen zu:

yo   beban
tú   trabajéis
él, ella, usted   abras
nosotros/-as   coma
vosotros/-as   ayudemos
ellos, ellas, ustedes   viva

107 Bilde von folgenden Indicativoformen die entsprechenden Subjuntivoformen:

1. pregunto → _____

2. vende → _____

3. escuchamos → _____

4. comes → _____

5. compráis → _____

6. reciben → _____

7. viven → _____

8. viaja → _____

108 Was sollen die Freunde von Juana auf der *fiesta mexicana* alles machen? Bilde Sätze:

Modelo:
Celebrar una típica fiesta mexicana:
Juana quiere que celebren una típica fiesta mexicana.

Además Juana quiere que

1. *hablar con sus mejores amigos:* _____
2. *tomar unos traguitos de tequila:* _____
3. *preparar diferentes tipos de tacos:* _____
4. *bailar mucho:* _____
5. *escuchar la música de los mariachi:* _____
6. *cantar "La cucaracha":* _____
7. *mirar unos libros sobre Frida Kahlo:* _____

109 Was ist wichtig, wenn man eine Reise macht? – Setze die Zeitwörter so in die folgenden Sätze ein, dass sich sinnvolle Ratschläge ergeben:

llevar – comprar – hablar – informarse – cambiar

1. *Es importante que* _____ *(tú) una guía y un mapa del país.*
2. *Es importante que* _____ *(nosotros) sobre las costumbres y la cultura.*
3. *Es necesario que* _____ *(tú) con mucha gente para conocer las costumbres.*
4. *Es importante que* _____ *(nosotros) dinero antes de emprender el viaje.*
5. *Es importante que* _____ *(tú) tus documentos en un lugar seguro.*

110 Ordne folgende Verbformen richtig in die entsprechende Spalte für *indicativo* bzw. *subjuntivo* zu:

> escuches – comen – viajamos – toméis – compro – venda – hablas – compréis – coman – tomemos – vivan – esperas – mires – escribáis – trabajamos – entendamos – recibes – abrís – recibáis – lleves

Indicativo	Subjuntivo

¿QUIERES TOMAR UN TRAGUITO?

Unregelmäßige Zeitwörter – *Verbos irregulares*

Zeitwörter mit Vokalveränderung

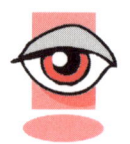

Die Verben, die im Indikativ Präsens ihren Stammvokal verändern (**e → ie, o → ue, e → i**), tun dies auch im *subjuntivo*: Bei den Verben vom Typ *sentir* und *pedir* wird in der 1. und 2. Person Plural der Stammvokal **e** zu **i**.

e → ie querer	o → ue volver	e → ie sentir	e → i pedir
quiera	vuelva	sienta	pida
quieras	vuelvas	sientas	pidas
quiera	vuelva	sienta	pida
queramos	volvamos	sintamos	pidamos
queráis	volváis	sintáis	pidáis
quieran	vuelvan	sientan	pidan

Das Gleiche gilt für Verben wie *dormir* und *morir*: Hier wird aus dem **o** ein **u**.

Das einzige Verb mit der Veränderung von **u → ue** ist *jugar*:

o → ue dormir	**o → ue morir**
d**ue**rma	m**ue**ra
d**ue**rmas	m**ue**ras
d**ue**rma	m**ue**ra
d**u**rmamos	m**u**ramos
d**u**rmáis	m**u**ráis
d**ue**rman	m**ue**ran

u → ue   jugar
j**ue**gue
j**ue**gues
j**ue**gue
juguemos
juguéis
j**ue**guen

Michael: *¡Uff! Hay que aprenderlo de memoria, ¿no? Oye, Nuria, otra pregunta:* Warum schreibt man *juegue* statt *juege*?

Nuria: *¡Pobrecito mío!* Mein Armer! *Eso ya lo has aprendido y lo sabes perfectamente:* Die Veränderungen der Schreibung treten auf, um die Aussprache zu erhalten. Pass auf, bei der Bildung des *subjuntivo* solltest du dir einige Besonderheiten der Schreibung und Aussprache einprägen.

Zeitwörter mit besonderer Rechtschreibung

Verben auf *-car, -gar/-guar, -ger, -gir, -guir, -cer*

Endung	Verb	Verbformen	Veränderung
-car	buscar suchen	bus**qu**e, bus**qu**es, …	**c → qu** vor **e**
-gar	llegar (an)kommen	lle**gu**e, lle**gu**es, …	**g → gu** vor **e**
-guar	averiguar herausfinden	averi**gü**e, averi**gü**es, …	**gu → gü** vor **e**
-ger	coger nehmen	co**j**a, co**j**as, …	**g → j** vor **a**
-gir	dirigir führen, leiten	diri**j**a, diri**j**as, …	**g → j** vor **a**
-guir	distinguir unterscheiden	distin**g**a, distin**g**as, …	**gu → g** vor **a**
-cer*	vencer – (be)siegen	ven**z**a, ven**z**as, …	**c → z** vor **a**

* nach Konsonant

Verben auf -cer, -ducir, -zar

Endung	Verb	Verbformen	Veränderung
-cer*	conocer kennen lernen	conozca, conozcas, ...	c → zc vor a
-ducir	traducir übersetzen	traduzca, traduzcas, ...	c → zc vor a
-zar	almorzar zu Mittag essen	almuerce, almuerces, ...	z → c vor e

* nach Vokal

Die Verben *conocer* und *traducir* gehören zu jenen, deren erste Person im Indikativ Präsens unregelmäßig ist und die deshalb alle Personen des *subjuntivo* von dieser Form ausgehend bilden:

conocer: cono-**zc**-o → cono-**zc**-a; traducir: tradu-**zc**-o → tradu-**zc**-a

Michael: *Es verdad, ahora lo recuerdo. Pasa lo mismo con los verbos en indefinido. Bei den Zeitwörtern auf **-gar** fügt man in der Ich-Form im indefinido ein -u- ein, um die Aussprache des g zu erhalten.*

Nuria: *¡Exacto! ¡Ya lo sabía, eres un chico muy listo!*

111 Ergänze die Tabelle um die fehlenden Subjuntivoformen:

yo	tú	él, ella usted	nosotros, nosotras	vosotros, vosotras	ellos, ellas, ustedes
quiera					
	juegues				
		duerma			
			pidamos		
				conozcáis	
					dirijan

112 Streiche die falschen Subjuntivoformen:

1. explices
2. empiecen
3. llegéis
4. almorcemos
5. llegues
6. dormamos
7. conocamos
8. cogáis
9. sintáis
10. jueguen
11. volvan
12. mueras
13. jueguéis
14. pedáis
15. busquemos
16. conduzcas
17. queran
18. duermas

113 Stelle die Formen richtig und füge die entsprechende Form im Indikativ sowie die Nennform hinzu:

Subjuntivo	Indicativo	Infinitivo

114 Ergänze mit **e, ie, o, u, ue, i**:

cerrar	empezar	dormir	pedir	volver
p___damos	j___guemos	alm___rces	d___rmamos	emp___ce
c___rre	v___lváis	p___dan	v___lvamos	s___ntas
emp___ces	qu___ra	c___rréis	ll___gues	alm___rcemos
d___rmáis	lleg___emos	v___lva	qu___ramos	p___dáis
p___da	s___ntamos	emp___cemos	j___guen	d___rma
almorzar	jugar	querer	llegar	sentir

115 Wie lauten die Infinitive dieser Verben?

1. traduzca _____   5. cojan _____

2. busques _____   6. llegue _____

3. distingamos _____   7. dirijáis _____

4. venzáis _____   8. conozcan _____

116 Konjugiere folgende Verben im *subjuntivo*. Beantworte danach die Frage, die im rosa Kästchen erscheint.

1. querer (*yo*)
2. dormir (*nosotros*)
3. buscar (*vosotros*)
4. hablar (*ellos*)
5. aprender (*ellos*)
6. escuchar (*él*)
7. beber (*tú*)
8. cantar (*ellos*)
9. volver (*nosotros*)
10. mirar (*nosotros*)
11. abrir (*yo*)
12. empezar (*ella*)
13. viajar (*tú*)
14. tomar (*tú*)
15. escribir (*vosotros*)
16. almorzar (*nosotros*)

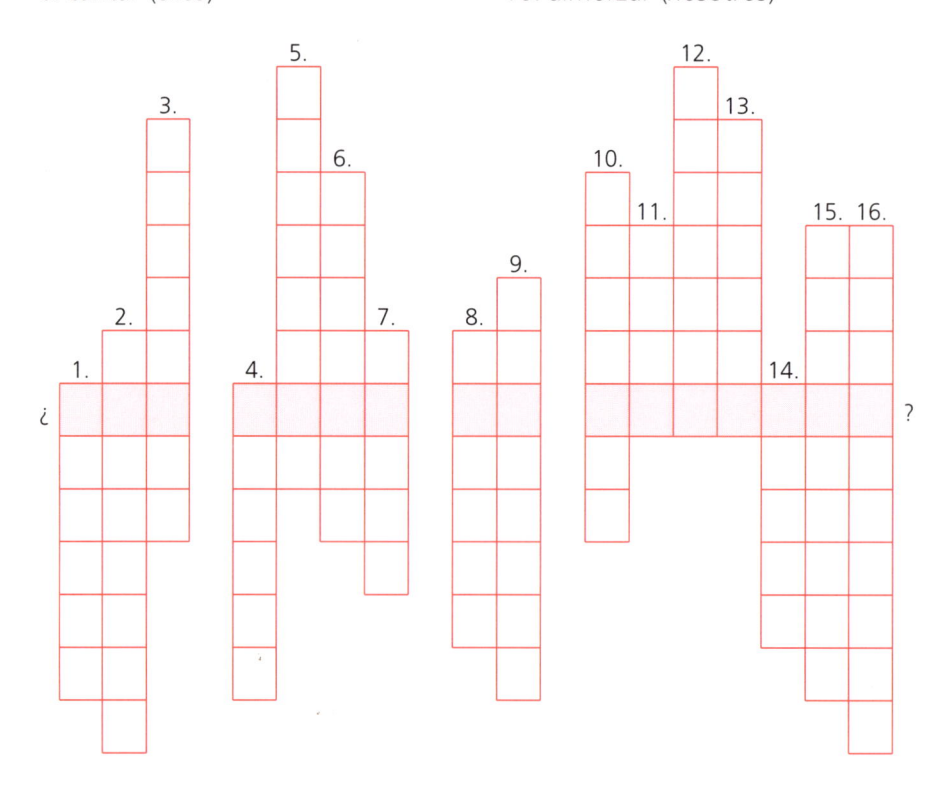

¿ ?

La respuesta es: _____

Michael: *Practicar tanto cansa un poco, ¿no? Ahora quiero que hazamos una pausa.*
Nuria: *¡Hagamos ... Michael, quiero que hagamos una pausa!*
Michael: *Hazamos, hagamos, ... qué sé yo ..., como siempre, hay miles y miles de excepciones ..., y yo ...*
Nuria: *¡Tranquilo!¡No te preocupes! No es tan difícil como parece.* Es ist nicht so schwierig, wie es scheint, denn bei Verben mit einer unregelmäßigen 1. Person Einzahl leitet man den *subjuntivo* von dieser Form ab. *Y los verbos irregulares del indicativo presente ya los sabes de memoria, ¿verdad?* Außerdem haben alle Verben, auch die unregelmäßigen, im *subjuntivo* dieselben Endungen!
Michael: *¡Menos mal,* Gott sei Dank!

Zeitwörter mit einer unregelmäßigen 1. Person

Wie bereits bei den Verben mit besonderer Rechtschreibung erwähnt, leitet man bei den Verben mit einer unregelmäßigen 1. Person Einzahl den *subjuntivo* von dieser Form ab:

	hacer	**tener**	**salir**
1. Person Präsens Indikativ	**hag**-o	**teng**-o	**salg**-o
yo	ha**g**a	ten**g**a	sal**g**a
tú	ha**g**as	ten**g**as	sal**g**as
él, ella, usted	ha**g**a	ten**g**a	sal**g**a
nosotros / -as	ha**g**amos	ten**g**amos	sal**g**amos
vosotros / -as	ha**g**áis	ten**g**áis	sal**g**áis
ellos, ellas, ustedes	ha**g**an	ten**g**an	sal**g**an

Auf diese Weise bildet man auch den *subjuntivo* aller weiteren Verben dieser Gruppe, z. B.:

Infinitiv	1. Person Präsens Indikativ	Verbstamm für *subjuntivo*	Endungen
caer	caig-o	**caig-**	
decir	dig-o	**dig-**	
oír	oig-o	**oig-**	a
poner	pong-o	**pong-**	as
traer	traig-o	**traig-**	a
venir	veng-o	**veng-**	amos
conducir	conduzc-o	**conduzc-**	áis
conocer	conozc-o	**conozc-**	an
construir	construy-o	**construy-**	
ver	ve-o	**ve-**	

Andere Formen des *subjuntivo* mit eigenen Unregelmäßigkeiten

dar	estar	ir	saber	ser
dé	esté	vaya	sepa	sea
des	estés	vayas	sepas	seas
dé	esté	vaya	sepa	sea
demos	estemos	vayamos	sepamos	seamos
deis	estéis	vayáis	sepáis	seáis
den	estén	vayan	sepan	sean

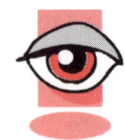

hay → *haya*

Nuria: *Oye, Michael, para distraerte un poco de estudiar tantas formas verbales te he traído unas rimas muy divertidas.* Hör mal, Michael, ich hab' dir ein paar sehr lustige Kinderreime mitgebracht, um dich ein wenig vom Lernen so vieler Verbformen abzulenken. So kannst du dich erholen und deinen rauchenden Kopf etwas abkühlen.

Michael: *Gracias, eres una amiga como Dios manda.* Du bist eine Freundin, wie sie im Buche steht.

117 Lies diese zwei Kinderreime! In einem verbirgt sich eine Subjuntivoform. Findest du sie?

1
*Un elefante se balanceaba
sobre una tela de araña
y como ésta no se rompía
fue a llamar a un camarada.
Dos elefantes se balanceaban ...*

2
– *¿Se sabe el cuento del ganso?*
– *No.*
– *¿Quiere que le cuente el cuento del ganso?*
– *Sí.*
– *No, porque me canso.*

Vocabulario:

tela de araña = Spinnennetz
romper = hier: reißen
cansarse de algo = etwas satt haben

118 Ergänze die fehlenden Zeitwortformen.

Infinitivo	Indicativo (yo)	Subjuntivo (yo)
	hago	
poner		
		esté
		conozca
	soy	
traer		
		diga
saber		

119 Bilde jetzt die Subjuntivoformen zur angegebenen Person:

1. yo _____ _____ _____
             caer   salir   conducir

2. tú _____ _____ _____
             oír   hacer   tener

3. él, ella, usted _____ _____ _____
             ir   saber   dar

4. nosotros, nosotras _____ _____ _____
             poner   conocer   construir

5. vosotros, vosotras _____ _____ _____
             ser   decir   estar

6. ellos, ellas, ustedes _____ _____ _____
             ver   traer   venir

ESPERO QUE EL SUBJUNTIVO NO SEA MUY DIFÍCIL...

120

Revoltigrama: Bilde aus den Buchstaben Subjuntivoformen. Die Buchstaben in den Kästchen ergeben den Vornamen des legendären Banditen, Rebellen und mexikanischen Robin Hood „Pancho" Villa.

1. E R I M F : ☐ _ _ _ _ _
2. S A M R E U D : _ _ _ ☐ _ _ _ _
3. A M D O I S P : _ _ _ ☐ _ _ _
4. G A I S D I S T I N : _ _ _ _ _ _ ☐ _ _ _
5. C E E M P I E : _ _ _ _ _ _ ☐
6. A I S G S A L : _ _ _ _ _ _ ☐
7. S A G N O P : _ _ _ _ _ ☐
8. M O S C A D U Z C O N : ☐ _ _ _ _ _ _ _ _ _ _
9. A Y U R T S N O C : ☐ _ _ _ _ _ _ _ _

Lösungswort: _ _ _ _ _ _ _ _ „Pancho" Villa

121 Wie lauten die Infinitive der folgenden Formen des *presente de subjuntivo*? Ergänze die fehlenden Buchstaben im folgenden Kreuzworträtsel.

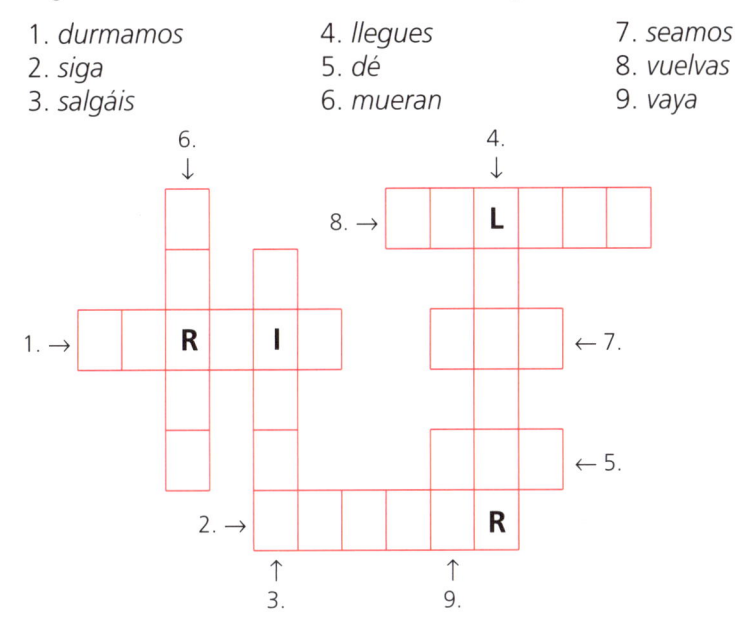

1. durmamos
2. siga
3. salgáis
4. llegues
5. dé
6. mueran
7. seamos
8. vuelvas
9. vaya

122 *Indicativo* oder *subjuntivo*? Die Summe der *subjuntivos* ergibt ein wichtiges Jahr in der Geschichte Mexikos:

hagas (102), tienes (704), sois (0), termine (63), gustaba (13), cierras (44), haya (99), soy (10), sea (137), tomamos (222), vaya (94), he mirado (309), tengamos (1000), baja (3), sepan (47), sabemos (980), vengas (8), tome (152), vine (454), miremos (28), vayan (45), contemos (35)

Solución: __ __ __ __

TU PAPÁ QUIERE QUE HAGAS MENOS RUIDO PARA QUE PUEDA TERMINAR CON TUS DEBERES...

Die Verwendung des *presente de subjuntivo*

Michael: Nuria, du hast gemeint, der spanische *subjuntivo* sei in seiner Bedeutung und Anwendung vom deutschen Konjunktiv sehr verschieden. *Pues, las formas del subjuntivo ya las sé de memoria, pero ¿cómo y cuándo se usan?*

Nuria: *¡Es verdad! Todavía no te he dicho nada de eso. Pues mira,* schau mal, *para los españoles las estructuras en subjuntivo son muy importantes y para su uso son responsables diferentes elementos que te voy a enumerar ...*

Michael: *... como me lo imaginaba yo, otra vez tengo que estudiar mucho, como un empollón,* wie ein Streber, *y no quiero ser empollón.*

Nuria: *Pero Michael, empollar – como dices tú – no es nada negativo en absoluto,* Büffeln ist doch überhaupt nichts Negatives, *¿o no quieres estar empollado del subjuntivo?* Oder möchtest du den *subjuntivo* nicht aus dem Effeff können?

Michael: *Claro que sí, pero ...*

Nuria: *... no puedes estudiar todo a la vez, claro está, por eso mis amigos y yo te vamos a dar unos trucos para reconocer todos los elementos de una frase en subjuntivo ...* du kannst nicht alles auf einmal lernen, deshalb werden wir dir einige Tricks verraten, wie du Sätze im *subjuntivo* erkennen kannst!

EL CALOR HACE QUE MICHAEL VAYA DE VACACIONES.

EL CALOR HACE QUE MICHAEL SUDE.

Wie bereits erwähnt unterscheidet sich der *subjuntivo* wesentlich vom deutschen Konjunktiv. Der deutsche Konjunktiv wird in Wunsch- und irrealen Bedingungssätzen sowie in der indirekten Rede gebraucht, die Verwendung des *subjuntivo* hingegen lässt sich in zwei Anwendungsbereiche einteilen:

→ *subjuntivo* im untergeordneten Satz
→ *subjuntivo* im unabhängigen Satz

Mit dem Zeitwort im *indicativo* (Wirklichkeitsform) stelle ich Handlungen, Vorgänge und Zustände als Tatsachen dar, während ich mit dem spanischen *subjuntivo* (Möglichkeitsform) deutlich mache, dass meine Mitteilung durch meine innere Einstellung beeinflusst ist. Der subjektive Charakter meiner Äußerung steht im Hauptsatz und erfordert im mit **que** (dass) eingeleiteten Nebensatz den *subjuntivo*.

Der *subjuntivo* im Nebensatz

Der Gebrauch des *subjuntivo* ist im Nebensatz dann erforderlich, wenn im Hauptsatz, von dem er abhängt, Wunsch, Hoffnung, Meinung, Glauben, Notwendigkeit, Zweifel oder Unsicherheit ausgedrückt werden. Tatsachen oder Handlungen werden dadurch bewertet und als (nicht) wünschenswert dargestellt, gefordert, erhofft oder bezweifelt.

Subjuntivo nach Wunsch, Forderung, Hoffnung

Juana quiere que vengáis a su fiesta mexicana.
Juana möchte, dass ihr zu ihrem mexikanischen Fest kommt.

Nos pide que no lleguemos tarde.
Sie bittet uns, nicht zu spät zu kommen.

Zu den Verben dieser Gruppe, die den *subjuntivo* verlangen, gehören z. B.:

aconsejar	jm. raten	*permitir*	erlauben
desear	wünschen	*preferir*	vorziehen
esperar	hoffen	*prohibir*	verbieten
exigir	fordern	*proponer*	vorschlagen
pedir	bitten	*recomendar*	empfehlen

ESPERO QUE BAILEMOS EN LA FIESTA.

CLARO QUE SÍ.

123 *Señora* Amoroso ist krank. Da ihr Ehemann in Mexiko ist, bietet ihr *don* Admirador – ihr heimlicher Verehrer – seine Dienste an. Vervollständige die Sätze mit den passenden Zeitwörtern im *presente de subjuntivo*.

| cerrar | bajar | ir | pasar | limpiar |

¿Quiere usted que ...

1. ___llame___ al médico?
2. _____ la aspiradora?
3. _____ la cena?
4. _____ los platos?
5. _____ a la farmacia?
6. _____ la compra?
7. _____ toda la casa?
8. _____ la ventana?
9. _____ el volumen de la tele?
10. _____ a los niños al colegio?

| hacer | fregar | llevar | preparar | llamar |

124 Möchtest du dich einmal als Dichter bzw. Dichterin betätigen? Dann vervollständige dieses Liebesgedicht mit entsprechenden Subjuntivoformen! Folgende Zeitwörter können dir helfen:

| besar | comprender | dejar | escuchar | venir |

1. *Quiero que me* _____.
2. *Quiero que me* _____.
3. *Quiero que* _____.
4. *Quiero que me* _____.
5. *Pero no quiero que me* _____.

125 Setze die fehlenden Formen im *subjuntivo* ein:

1. *Les recomiendo que (visitar, ustedes)* _____ *las ruinas mayas en Yucatán.*

2. *Nuria le exige a Michael que (hablar, él)* _____ *español.*

3. *Quieren que (hablar, tú)* _____ *más despacio.*

4. No quiero que (ir, nosotros) _____ al cine, prefiero que (ver, nosotros) _____ una obra de teatro.

5. Espero que (poder, vosotros) _____ venir a mi concierto.

6. Mi padre me prohibe que (tomar, yo) _____ su coche nuevo.

7. Espero que mañana (hacer) _____ buen tiempo porque vamos a hacer una excursión a la selva.

8. Te deseo que (tener, tú) _____ mucho éxito.

Subjuntivo nach Gefühlsäußerung

<u>Me alegro de</u> que Juana **esté** contenta.
Es freut mich, dass Juana zufrieden ist.

<u>Siento</u> que Carlos no **pueda** acompañarnos a Yucatán.
Es tut mir Leid, dass uns Carlos nicht nach Yucatán begleiten kann.

Zu den Verben dieser Gruppe, die den *subjuntivo* verlangen, gehören z. B.:

alegrarse (de)	sich freuen	*lamentar*	bedauern
encantar	gefallen; faszinieren	*molestar*	stören
enfadar	ärgern	*preocupar*	beunruhigen
extrañar	befremden	*sentir*	Leid tun
gustar	gefallen	*sorprender*	überraschen
interesar	interessieren		

126 Konjugiere die Zeitwörter im *presente de subjuntivo* und verbinde danach die zwei Satzteile.

1. *Lamento que Carlos no (ir)* _____ *a Yucatán ...*

2. *Me molesta que (gritar, tú)* _____ *...*

3. *A Juana le gusta que sus amigos (divertirse, ellos)*

   _____ *...*

4. *Sentimos que no (poder, vosotros)* _____ *...*

5. *Les alegra que Michael ya (hablar)* _____ *...*

6. *A Michael le extraña que en México el Día de los Muertos se (comer)*

   _____ *...*

   a. *... pasar las vacaciones en Acapulco.*
   b. *... porque las pirámides de Chichén Itzá son muy lindas.*
   c. *... esqueletos de mazapán.*
   d. *... de esa manera.*
   e. *... bastante bien.*
   f. *... en la fiesta.*

Subjuntivo nach Unsicherheit, Zweifel, Verneinung

*Dudo que él **sepa** cantar.*
Ich zweifle daran, dass er singen kann.

*No creo que les **apetezca** bailar.*
Ich glaube nicht, dass sie Lust haben zu tanzen.

*No estoy seguro de que **puedan** venir a la fiesta.*
Ich bin nicht sicher, dass sie zum Fest kommen können.

Einige Verben dieser Gruppe sind z. B.:

desconfiar	bezweifeln, misstrauen
temer	fürchten

Nach Zeitwörtern der Meinungsäußerung steht normalerweise der *indicativo*. Werden diese Zeitwörter aber verneint, muss im Nebensatz der *subjuntivo* folgen:

Indicativo	*Subjuntivo*
Creo que Michael **es** un empollón.	**No creo** que Michael **sea** un empollón.
Pienso que Michael **puede** aprender de sus errores.	**No pienso** que Michael **pueda** aprender de sus errores.

Weitere Ausdrücke, die den **indicativo** verlangen, wenn sie bejaht sind:

me parece	ich glaube	
opino	ich meine	
es cierto	es stimmt	
es evidente	es ist offensichtlich	+ **que** +
es seguro	es ist sicher	**indicativo**
es verdad	es ist wahr	
está demostrado	es ist bewiesen	
estoy seguro/-a de	ich bin sicher	

ABER:

no me parece	ich glaube nicht	
no opino	ich meine nicht	
no es cierto	es stimmt nicht	
no es evidente	es ist nicht offensichtlich	+ **que** +
no es seguro	es ist nicht sicher	**subjuntivo**
no es verdad	es ist nicht wahr	
no está demostrado	es ist nicht bewiesen	
no estoy seguro/-a de	ich bin nicht sicher	

127 Verbinde die Definitionen mit ihrer Bedeutung:

1. ser caradura
2. ser un hueso
3. ser empollón
4. ser un buen partido
5. ser un cero a la izquierda
6. ser un plomo

a. *una persona cuya opinión no cuenta para nada*
b. *una persona muy buena para casarse con ella*
c. *una persona muy dura y exigente*
d. *una persona que aburre a las demás*
e. *una persona que estudia mucho*
f. *una persona que se aprovecha de las demás*

NO CREO QUE SEA UN BUEN PARTIDO...

128 Bejahe bzw. verneine folgende Sätze:

1. *Creo que Paloma está enferma.*
2. *Es importante que vengas pronto.*
3. *Me parece que tu hermana es muy trabajadora.*
4. *Juana cree que en Europa hay muchos puestos de trabajo.*
5. *Estoy segura de que lo hacemos muy bien.*
6. *No me parece que sus amigos hablen alemán.*
7. *Es evidente que a Carlos no le gusta el teatro.*
8. *Laura no cree que pueda visitaros en verano.*
9. *Creo que Michael y Nuria juegan al tenis.*

129 Übersetze:

1. Ich denke nicht, dass Michael ein Streber ist.
2. Es ist bewiesen, dass die Schüler aus ihren Fehlern lernen.
3. Wir fürchten, dass wir nicht zu deinem Fest gehen können.
4. Er zweifelt daran, dass er seine Ferien in Mexiko verbringen kann.
5. Ich glaube, dass es morgen schön sein wird.
6. Er glaubt nicht, dass sie Lust hat zu tanzen.

Subjuntivo nach unpersönlichen Ausdrücken

<u>*Es necesario*</u> *que **llevéis** un botiquín para el viaje.*
Es ist notwendig, dass ihr eine Reiseapotheke mitnehmt.

<u>*Es importante*</u> *que **contratemos** a un guía para la selva.*
Es ist wichtig, dass wir für den Urwald einen Führer engagieren.

*¿<u>Te parece raro</u> que Nuria **se ponga** un sombrero?*
Kommt es dir komisch vor, dass Nuria einen Hut trägt?

130 Kennst du folgende Redewendungen bzw. umgangssprachliche Ausdrücke?

Tomarle el pelo a alguien	→ jemanden auf den Arm nehmen, hänseln
Darle la lata a alguien	→ jemandem auf die Nerven gehen
Sacarle de quicio a alguien	→ jemanden auf die Palme, zur Weißglut bringen
Dormir como un lirón (oder: *como un tronco*)	→ wie ein Murmeltier schlafen
Meter la pata	→ ins Fettnäpfchen treten

Verbinde jetzt die Redewendungen mit den Satzanfängen:

1. *Me parece raro que Nuria, a pesar del ruido, ...*
2. *Es evidente que Carlos ahora ...*
3. *No me gusta que ...*
4. *A Michael le molesta a veces que Nuria ...*
5. *Esta chica es muy extravagante. Te digo que ...*

a. *... siempre le toméis el pelo a este chico – es que el pobre está muy enamorado.*
b. *... me saca de quicio con sus exageraciones.*
c. *... duerma como un tronco.*
d. *... siempre le dé la lata con la gramática española.*
e. *... ha metido la pata cuando ha dicho que el sombrero de Nuria es muy feo.*

QUÉ RARO QUE NURIA DUERMA COMO UN LIRÓN.

Einige weitere unpersönliche Ausdrücke, die den *subjuntivo* verlangen, sind z. B.:

es (im)posible	es ist (un)möglich
es (im)probable	es ist (un)wahrscheinlich
es difícil / fácil	es ist schwierig / leicht
es imprescindible	es ist unumgänglich, unerlässlich
es lógico	es ist logisch
es mejor / peor	es ist besser / schlechter
es normal	es ist normal
es obligatorio	es ist verpflichtend
es peligroso	es ist gefährlich
es raro	es ist seltsam
es triste	es ist traurig
es una pena	es ist schade
me parece bien / mal	ich finde es gut / schlecht

131 *Detective* Buenolfato hat beschlossen, für seinen Detektivkollegen Gafas einige Überlebensregeln für Auslandsreisen aufzuschreiben. Leider spielt sein Laptop wieder einmal verrückt und alle Verbformen werden durch Sonderzeichen ersetzt. Du kannst ihm sicher helfen. Setze die entsprechenden Verben aus der Liste ein:

DICE QUE ES IMPORTANTE QUE NO ME VISTA COMO UN TURISTA...

> *tener – comer – usar – sentirse – estudiar – viajar – alojarse – hablar*

Cómo sobrevivir en el extranjero

Si vas a un país extranjero ...

1. ... es imprescindible que ♣♥♦♠♦♥♣ la lengua del país,
2. ... es importante que ♣♥♦♠♦♥♣ en hoteles pequeños porque así ahorras mucho dinero,
3. ... es lógico que ♣♥♦♠♦♥♣ fuera de temporada,
4. ... es obligatorio que ♣♥♦♠♦♥♣ en restaurantes típicos para conocer mejor la gastronomía local,
5. ... es necesario que ♣♥♦♠♦♥♣ con la gente para conocer más de cerca sus costumbres,
6. ... es normal que ♣♥♦♠♦♥♣ el transporte público.
7. Si sigues mis consejos es fácil que no ♣♥♦♠♦♥♣ como un turista y que ♣♥♦♠♦♥♣ una impresión verdadera del país.

132 Knacke das Kreuzworträtsel: Was alles packt Michael in seinen Rucksack für seinen Ausflug in den Urwald von Yucatán?

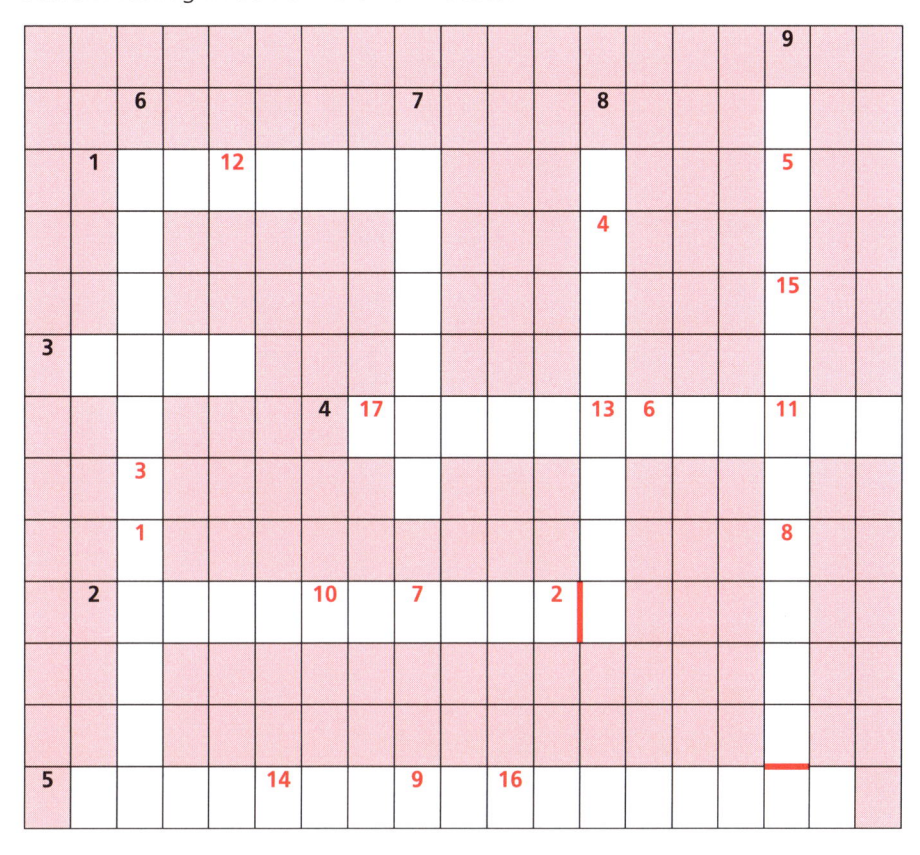

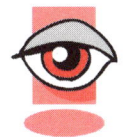

1 = 7 = 13; 2 = 8; 3 = 6; 9 = 16; 10 = 17

1. La **b¿?¿** es un instrumento para determinar los puntos cardinales de la Tierra.
2. Las **g¿?¿** las utiliza para proteger sus ojos contra el sol.
3. El **m¿?¿** le ayuda a localizar las pirámides más importantes.
4. El **s¿?¿** lo necesita para dormir al aire libre.
5. La **c¿?¿** es un instrumento para sacar fotos.
6. Las **b¿?¿** las tiene que llevar para no mojarse demasiado los pies.
7. El **a¿?¿** es muy importante porque por la noche puede hacer mucho frío.
8. La **l¿?¿** la necesita para ver algo de noche.
9. En su **c¿?¿** Michael va a llevar agua.

Solución: Una de las fiestas más importantes de México es

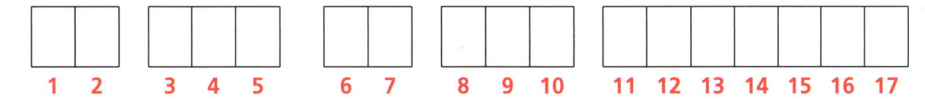

| 1 | 2 | | 3 | 4 | 5 | | 6 | 7 | | 8 | 9 | 10 | | 11 | 12 | 13 | 14 | 15 | 16 | 17 |

133 Ergänze die entsprechenden Verben im *subjuntivo* bzw. im *indicativo*:

1. *Es posible que te (visitar, nosotros) _____ en el mes de julio.*
2. *No me parece bien que los menores de 16 años (beber) _____ alcohol.*
3. *Michael cree que la comida mexicana (ser) _____ excelente.*
4. *No es importante que (tener, él) _____ coche.*
5. *Es lógico que en Estados Unidos mucha gente (hablar) _____ español.*
6. *Es imprescindible que (leer, tú) _____ las instrucciones de cómo usar el equipo de camping.*
7. *Creo que a los alumnos les (gustar) _____ mucho los ordenadores.*
8. *Es peligroso que (caminar, tú) _____ sola por la selva.*
9. *Es verdad que en México se (poder) _____ ver muchas pirámides fantásticas.*

134 Übersetze:

1. Es ist schade, dass Carlos uns nicht nach Yucatán begleiten kann.
2. Im Urwald ist es notwendig, dass du Gummistiefel trägst.
3. Es ist logisch, dass wir im Freien schlafen müssen.
4. Glaubt ihr, dass wir wilde (= *salvaje*) Tiere sehen?
5. Es ist möglich, dass sie einen Kompass brauchen.
6. Ich bin sicher, dass euch der Ausflug zu den Pyramiden gefällt.

¡ESPERO QUE NO VEAMOS ANIMALES SALVAJES!

135 Wie sagt man das auf Spanisch? Übersetze die unpersönlichen Ausdrücke und ergänze die entsprechende Verbform:

1. (Es ist seltsam) _____ que (llevar, tú) _____ un saco de dormir a ese hotel de cinco estrellas.

2. (Es ist sicher) _____ que los aviones (aterrizar) _____ a las 9 en punto.

3. (Es ist schade) _____ que los amigos no (visitar) _____ la Casa Azul en México D.F.

4. (Es ist wichtig) _____ que (aprender, tú) _____ español antes de ir a países latinoamericanos.

5. (Es ist unwahrscheinlich) _____ que (llover) _____ esta tarde.

Nuria: Wie im Deutschen kann nach den Strukturen, die du bis jetzt kennen gelernt hast, das zweite Zeitwort in der Nennform benutzt werden.

Michael: ¡Genial! Das heißt, ich kann anstatt des *subjuntivo* immer die Nennform verwenden!

Nuria: Ganz so einfach ist es leider nicht! Ob du Nennform oder *subjuntivo* verwenden musst, hängt davon ab, ob Haupt- und Nebensatz das gleiche Subjekt haben oder nicht.

Infinitivo	Subjuntivo
Quiero **cantar** esta canción. (ich) (ich)	No quiero que la **cantes**. (ich) (du)
Lamento no **poder** ir a la fiesta. (ich) (ich)	Lamento que no **puedas** venir. (ich) (du)

NURIA, ¿QUIERES PROBAR MIS TORTILLAS?

LO SIENTO, NO TENGO HAMBRE.

Bei unpersönlichen Ausdrücken kommt es darauf an, ob die Aussage allgemein gültig ist oder nicht:

Infinitivo	Subjuntivo
Es importante **probar** las tortillas. (= allgemein gültig)	Es importante que **pruebes** las tortillas. (= nur für dich gültig)

136 *Infinitivo* oder *subjuntivo*? Unterstreiche die richtige Zeitwortform:

1. Me gusta mucho **lea** / **leer** novelas policíacas.
2. Me gusta mucho que los jóvenes **lean** / **leer** mucho.
3. Nos parece extraño que no **venga** / **venir** a vivir con nosotros.
4. Nos parece extraño no **viva** /**vivir** en casa de parientes.
5. Está mal **lleguen** / **llegar** tarde.
6. Está mal que tus amigos siempre **lleguen** / **llegar** tarde.
7. Le parece importante que **habléis** / **hablar** también diferentes idiomas.
8. Le parece importante **hable** / **hablar** diferentes idiomas.

Subjuntivo nach bestimmten Konjunktionen

Bestimmte Einleitewörter erfordern den Gebrauch des *subjuntivo*:

*Juana prepara tacos <u>para que</u> sus amigos **puedan** probarlos.*
Juana macht Tacos, damit ihre Freunde sie probieren können.

<u>Cuando</u> **llegue** *Carlos, le vamos a contar todo de nuestra excursión.*
Sobald Carlos kommt, werden wir ihm alles von unserem Ausflug erzählen.

<u>Aunque</u> **llueva** *mucho, Michael va a hacer la excursión.*
Selbst wenn es viel regnet, wird Michael den Ausflug machen.

*Diablo no le va a dar la lata a Nuria, <u>mientras</u> **tenga** su ratón de peluche para jugar.*
Diablo geht Nuria nicht auf die Nerven, solange er seine Plüschmaus zum Spielen hat.

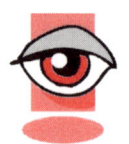

Die Einleitewörter **aunque**, **cuando** und **mientras** können sowohl mit dem *subjuntivo* als auch mit dem *indicativo* stehen!

Konjunktion	*Indicativo*	*Subjuntivo*
aunque	obwohl	selbst wenn / auch wenn
cuando	(immer) wenn	wenn / sobald
mientras	während	solange / vorausgesetzt, dass
	⬇	⬇
	Es handelt sich um Tatsachen.	Es handelt sich um Möglichkeiten oder Voraussetzungen.

137 Setze *para* (+ *infinitivo* = um ... zu ...) oder *para que* (+ *subjuntivo* = damit ...) ein und ergänze die Zeitwörter im *infinitivo* bzw. *subjuntivo*:

1. *Me voy de vacaciones a México _____ (conocer)*

   _____ una cultura diferente.

2. *Michael le va a enviar una postal a Pepe _____ (tener)*

   _____ una idea de lo que son las pirámides de Yucatán.

3. *Juana se ha comprado un ordenador _____ (navegar)*

   _____ en Internet y _____ sus amigos (poder)

   _____ escribirle mensajes electrónicos.

4. *Algunas regiones de México fueron declaradas parques nacionales*

   _____ (proteger) _____ la naturaleza.

138 Wie sagt man das auf Spanisch? Übersetze:

1. Selbst wenn die Reise billig ist, kann ich sie nicht machen.
2. Er lernt Spanisch, damit er mit den Mexikanern sprechen kann.
3. Während die Kinder spielten, sah er fern.
4. Immer wenn Michael nicht schlafen kann, zählt er Schäfchen (= *ovejitas*).
5. Sobald die Temperatur steigt, musst du die Klimaanlage einschalten.
6. Obwohl es schön ist, arbeitet er.

Subjuntivo in Relativsätzen

Wenn wir einem anderen die Entscheidung überlassen wollen, verwenden wir den *subjuntivo*.

Oye, Nuria, ¿cuándo vamos a Yucatán?
¿Vamos a Chichén Itzá o a Uxmal?
¿Viajamos en coche alquilado o en avión?
¿Dormimos en una pensión o en un camping?
¿Invitamos a Carlos o a Paloma?
¿Llevamos mochila o maleta?
¿Nos ponemos las botas de trekking o las de goma?
Ya lo sabía, lo hacemos como te guste a ti, ¿no?

Cuando quieras.
Wann du willst.
Adonde quieras.
Wohin du willst.
Como quieras.
Wie du willst.
Donde quieras.
Wo du willst.
A quien quieras.
Wen du willst.
Lo que quieras.
Was du willst.
Las que quieras.
Die du willst.
¿...?

139 Diesmal ist Michael (M) etwas unentschieden. Wie antwortet er auf die Fragen von *Nuria (N)*?

1. N: ¿Vamos a cenar al restaurante mexicano o al chino?
   M: _____

2. N: ¿Con quién quieres cenar, con Paloma o con Carlos?
   M: _____

3. N: ¿Vamos a pie o en taxi?
   M: _____

4. N: ¿Quedamos con Juana hoy o el domingo?
   M: _____

Den *subjuntivo* verwenden wir aber auch im Relativsatz, wenn das Hauptwort, auf das er sich bezieht, etwas Gesuchtes, d. h. noch nicht Vorhandenes, bezeichnet:

Todos queremos un hotel ...	→ Wir möchten alle ein Hotel ...
*... que **sea** demasiado caro y*	→ ... das nicht zu teuer ist und
*... que **tenga** vistas al mar*	→ ... das Meerblick hat.

Vergleiche folgende zwei Sätze:

SATZ A: *Buscamos un guía que nos **cuente** algo sobre los mayas.*
Wir suchen einen Reiseleiter, der uns etwas über die Mayas erzählt.

SATZ B: *Escuchamos al guía que nos **cuenta** algo sobre los mayas.*
Wir hören dem Reiseleiter zu, der uns etwas über die Mayas erzählt.

In Satz A verwenden wir den *subjuntivo*, weil es nicht klar ist, ob es einen solchen Reiseleiter gibt, im Satz B hingegen den *indicativo*, weil es klar ist, dass es ihn gibt.

140 Da ihm die Mexikanerinnen sehr gefallen und er sich sehr alleine fühlt, sucht *detective* Gafas eine Frau, die ihn bei seiner Arbeit unterstützen soll. Ergänze die Verben in seiner Anzeige!

(Ser, yo) (1.) _____ un detective privado de 45 años. Soy soltero y tengo un trabajo bastante duro. (Encontrarse, yo) (2.) _____ muy solo y (querer, yo) (3.) _____ encontrar una chica buena y trabajadora. (Desear, yo) (4.) _____ que (tener, ella) (5.) _____ entre 25 y 35 años. (Querer, yo) (6.) _____ que que me (ayudar, ella) (7.) _____ en mi trabajo, que (ser, ella) (8.) _____ buena observadora y que (tener, ella) (9.) _____ valor porque mi trabajo a veces es peligroso. Es necesario que (ser, ella) (10.) _____ tan curiosa como yo y que (llevar, ella) (11.) _____ gafas porque yo también las (llevar) (12.) _____. Además es importante que (saber, ella) (13.) _____ trabajar con ordenador para escribir mis informes. (Esperar, yo) (14.) _____ que me (contestar) (15.) _____ una chica linda e inteligente.

Un detective que necesita una compañera

> ESPERO QUE SEAS TAN CURIOSA COMO YO.

Die bezüglichen Fürwörter – *Los pronombres relativos*

Michael: *¡Oye, Nuria! ¿Me puedes aclarar una cosita?*
Nuria: *¡Dime!*
Michael: Irgendwie habe ich den Eindruck, dass *que* das meistgebrauchte Relativpronomen im Spanischen ist. Heißt es eigentlich immer das Gleiche?
Nuria: *Vamos a ver ...* Das Relativpronomen leitet einen Nebensatz, den so genannten Relativsatz, ein, der sich auf ein vorangehendes Hauptwort oder auf einen vorangehenden Satz und dessen Inhalt bezieht, deshalb auch der Ausdruck **bezügliches Fürwort**. *Y en eso tienes razón, los españoles utilizamos mucho el pronombre "que".* Es ist unveränderlich und kann sich auf Personen und Sachen beziehen. Wir verwenden es als Subjekt und ebenso als Objekt. Wenn man es mit den deutschen Relativpronomen vergleicht, sieht man wieder einmal, wie einfach Spanisch ist.
Michael: *¿Por qué?*
Nuria: Das spanische **que** entspricht im Deutschen den bezüglichen Fürwörtern **der**, **die**, **das** und **den**:

*Tengo un amigo **que** se llama Carlos.*
Ich habe einen Freund, **der** Carlos heißt.

*Mi mejor amiga, **que** se llama Paloma, nos ha acompañado a México.*
Meine beste Freundin, **die** Paloma heißt, hat uns nach Mexiko begleitet.

*La muchacha, **que** vive en este país, es su hermana Juana.*
Das Mädchen, **das** in diesem Land wohnt, ist ihre Schwester Juana.

*Paloma se compró el sombrero **que** vi en el mercado ayer.*
Paloma kaufte sich den Hut, **den** ich gestern auf dem Markt sah.

Michael: *Estupendo, creo que a partir de hoy sólo hablo español, es que es más práctico que el alemán, ¿no?*
Nuria: *Así me gustas ...* So mag ich dich! *Eres mi Miguelito al que le gusta exagerar.*

el/los que, la/las que

Beginnt ein Relativsatz mit einem Vorwort, steht vor *que* meist der Artikel, der in Geschlecht und Zahl mit dem vorangehenden Hauptwort übereingestimmt wird:

*México es el país **en el que** nació Diego Rivera.*
Mexiko ist das Land, **in dem** Diego Rivera geboren wurde.

*Los tacos, **de los que** habla Juana, están riquísimos.*
Die Tacos, von denen Juana spricht, schmecken ausgezeichnet.

*Es la pintura **por la que** se conoce a Frida Kahlo.*
Es ist die Malerei, **durch die** man Frida Kahlo kennt.

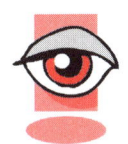

Mit ***el/los que***, ***la/las que*** werden auch Sätze mit unbestimmtem Subjekt eingeleitet, unabhängig davon, ob davor ein Vorwort steht oder nicht:

Los que *tengan ganas, pueden subir a la pirámide.*
Diejenigen, die Lust haben, können die Pyramide hochklettern.

quien/es

Das Relativpronomen *quien/es* wird **nur für Personen** verwendet und nur in der Zahl mit dem Bezugswort übereingestimmt:

*La chica, **con quien** has hablado, es Juana.*
Das Mädchen, mit dem du gesprochen hast, ist Juana.

*Sois vosotros **quienes** habéis llegado tarde a la excursión.*
Ihr seid die, die zum Ausflug zu spät gekommen sind.

*Ayudo **a quien** lo necesita.*
Ich helfe dem, der es braucht.

lo que

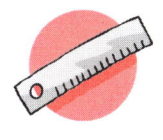

Das deutsche Relativpronomen „was" entspricht dem spanischen *lo que* und bezieht sich auf den Inhalt eines vorangehenden oder nachfolgenden Satzes:

MICHAEL, LO QUE NECESITAS AHORA ES UN DESCANSO.

*Me ha contado todo **lo que** sabe.*
Er hat mir alles erzählt, **was** er weiß.

*Michael, **lo que** necesitas ahora es un descanso.*
Michael, **was** du jetzt brauchst, ist eine Pause.

cuyo/os, cuya/as

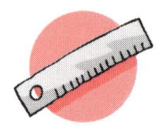

Dieses Relativpronomen übersetzt man mit „dessen" oder „deren".

Cuyo/as, cuyo/os richten sich in Geschlecht und Zahl nach dem folgenden Hauptwort:

*Paloma, **cuya** herman**a** vive en México, es mi mejor amiga.*
Paloma, deren Schwester in Mexiko wohnt, ist meine beste Freundin.

*Michael, **cuyos** amig**os** son españoles, aprende español.*
Michael, dessen Freunde Spanier sind, lernt Spanisch.

141 Bilde Sätze, indem du die Wörter der drei Spalten richtig miteinander verbindest.

1. Dame el dinero	con el que	te hablé, se llama Juana.
2. La chica,		te hablaron, es muy conocido.
3. Diego Rivera,	lo que	tiene Nuria, es muy vago.
4. El gato,		está cerca de aquí.
5. Fueron a ver el museo	que	metió el gol, es muy famoso.
6. El futbolista,		sabes.
7. Dime todo	del que	quiero hablar.
8. Es usted		hay en este jardín, son rosas.
9. La mayoría de las flores,	de la que	te presté.

1. _____
2. _____
3. _____
4. _____
5. _____
6. _____
7. _____
8. _____
9. _____

EL CHICO, AL QUE CONOCÍ AYER, ES SUPERGUAPO.

¡NO ME DIGAS!

142 Ergänze in den folgenden Sätzen die entsprechenden Relativpronomen:

cuyo – al que – en la que – con la que – del que – con las que

1. Necesito una mochila _____ quepa toda mi ropa.
2. Michael, ¿quieres que te deje las recetas _____ he preparado las tortillas?
3. Mira, allí está el chico _____ hablamos ayer.
4. ¿Me enseñas la bici _____ piensas hacer una excursión por la selva?
5. Al lado está el Museo Nacional de Antropología _____ vamos a ir mañana.
6. Ayer conociste a Diego _____ hermano es profesor en la universidad.

143 Aus 2 mach 1: Versuche mit Hilfe der entsprechenden Relativpronomen aus zwei Sätzen einen zu konstruieren.

Modelo: Los zapatos de Juana estaban **en el pasillo**. El **pasillo** no tenía luz. El pasillo, en el que estaban los zapatos de Juana, no tenía luz.

1. Michael y Nuria querían ir **a una exposición** de pintura.
   La **exposición** era en el Museo Frida Kahlo.
   _____
   _____

2. Fueron **a una parada de metro**.
   La **parada** de metro estaba bastante lejos.
   _____
   _____

3. Tenían que ir **hasta ese cruce**.
   El **cruce** estaba marcado en el mapa.
   _____
   _____

4. *Michael caminaba **detrás de Nuria**.*
   ***Nuria** se volvió de repente.*

   _____
   _____
   _____

5. *Nuria se rió muchísimo **de Michael**.*
   ***Michael** llevaba los zapatos de Juana sin darse cuenta de ello.*

   _____
   _____
   _____

144 Übersetze:

1. Der Detektiv, der auch nach Mexiko reist, heißt Gafas.
2. Sein Freund, mit dem er zusammenarbeitet, ist Buenolfato.
3. Herr Amoroso, dessen Frau bei den Kindern in Madrid ist, flirtet mit (*flirtear con*) einer hübschen Mexikanerin.
4. Detektiv Gafas beobachtet die beiden, die in einem Restaurant zu Mittag essen.
5. Buenolfato, dessen Freund Diego in diesem Restaurant als Kellner arbeitet, erzählt ihm alles.

Der *subjuntivo* im unabhängigen Satz

Im unabhängigen Satz verwenden wir den *subjuntivo* dann, wenn wir ihn mit Ausdrücken wie
ojalá (= hoffentlich),
quizá(s) (= vielleicht),
tal vez (= vielleicht) oder mit
que (= auf dass) einleiten,
um einen Wunsch zu äußern, z. B.:

Tal vez no pueda ir a tu fiesta.
Vielleicht kann er zu deiner Party nicht kommen.

¡OJALÁ MAÑANA HAGA BUEN TIEMPO!

Auf Adverbien, die eine Vermutung ausdrücken – **quizá(s)**, **tal vez**, **probablemente** (= wahrscheinlich) – kann sowohl *indicativo* als auch *subjuntivo* folgen. Dadurch kann der Sprecher entscheiden, für wie wahrscheinlich er seine Vermutung hält.

> Nach **a lo mejor** steht immer der *indicativo*!
>
> *A lo mejor te visita mañana.*
> Vielleicht besucht er dich morgen.

¡Que te lo pases bien!
Viel Spaß! (wörtlich: Auf dass du es gut verbringst!)

¡Que tengas buen viaje!
Gute Reise! (wörtlich: Auf dass du eine gute Reise hast!)

Im Deutschen werden viele dieser Wünsche oft bloß mit Hauptwörtern ausgedrückt, die man nicht wörtlich ins Spanische übersetzen kann.

145 Formuliere aus diesen Sätzen Wünsche:

Modelo: Paloma no me llama por teléfono. → ¡Ojalá me llame!

1. *No hace buen tiempo.*   ¡Ojalá _____!
2. *No quiere ir al Museo Frida Kahlo.*   ¡Ojalá _____!
3. *A Carlos no le gustan los cuadros.*   ¡Ojalá _____!
4. *Paloma y Carlos no vienen pronto.*   ¡Ojalá _____!
5. *El museo no está abierto.*   ¡Ojalá _____!

146 In welchen Situationen würdest du folgende Sätze verwenden? Ordne sie zu!

1. *Un amigo tuyo está enfermo.*	a. *¡Que tengas suerte!*
2. *Tu hermana celebra su cumpleaños.*	b. *¡Que tengáis buen viaje!*
3. *Unos amigos van a la discoteca.*	c. *¡Que aproveche!*
4. *Nuria está muy cansada.*	d. *¡Que te mejores!*
5. *Juana tiene que hacer un examen.*	e. *¡Que cumplas muchos!*
6. *Empiezan a comer.*	f. *¡Que os divirtáis!*
7. *Tus padres van de vacaciones.*	g. *¡Que descanses!*

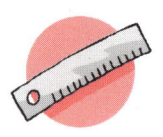

Der Gebrauch des *subjuntivo* lässt sich in zwei allgemeinen Grundregeln zusammenfassen:

1. Für die Realität, die wir durch die Brille der Gefühle betrachten, verwenden wir den **subjuntivo**.

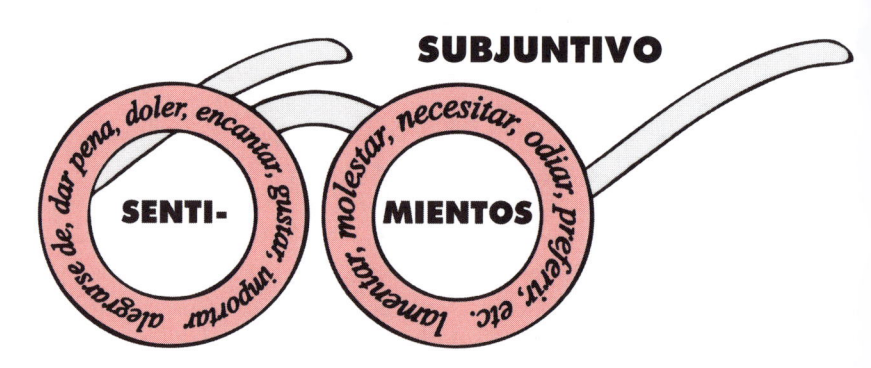

REALIDAD (= Wirklichkeit)

Die **SENTIMIENTOS** (= Gefühle) sind die Brille, mit der wir die Realität betrachten!

No pueden venir a la fiesta. → Das ist die Wirklichkeit.
Lo lamento. → Das ist ein Gefühl.
Lamento que no puedan venir a la fiesta. → Wir brauchen den *subjuntivo*.

Zu den **„Gefühlsverben"** gehören z. B.

alegrarse (de), dar pena, doler, encantar, gustar, importar, lamentar, molestar, necesitar, odiar, preferir etc.

---

* Heißt im klassischen Náhuatl soviel wie „Ich liebe dich!".

2. Für die Realität, die wir mit dem Kopf wahrnehmen, verwenden wir den *indicativo*.

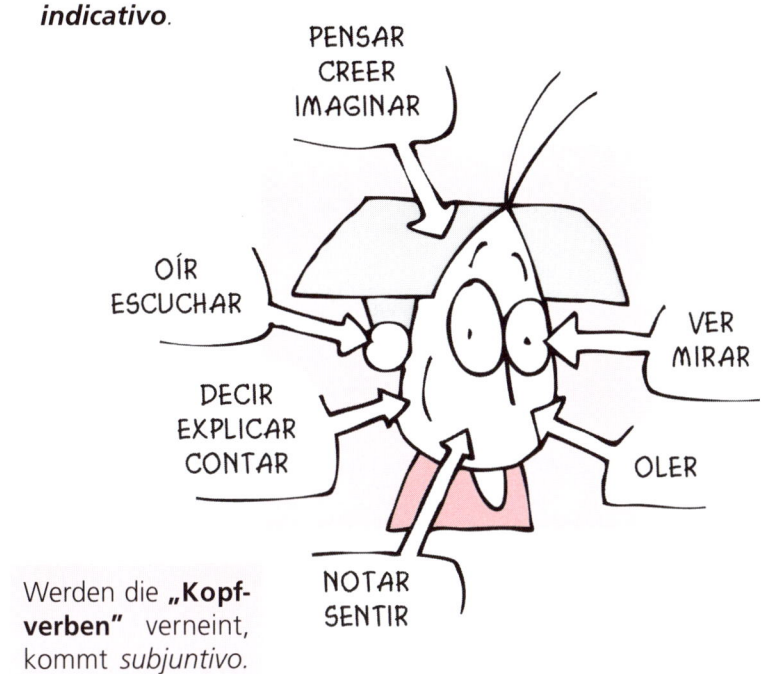

PENSAR
CREER
IMAGINAR

OÍR
ESCUCHAR

VER
MIRAR

DECIR
EXPLICAR
CONTAR

OLER

NOTAR
SENTIR

Werden die **„Kopfverben"** verneint, kommt *subjuntivo*.

Ejercicios finales:

147 In dieser *sopa de letras* verstecken sich 16 Subjuntivoformen. Wie schnell findest du sie? (Kleiner Hinweis: 8 horizontal, 8 vertikal)

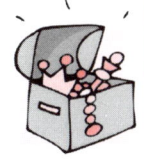

B	A	J	E	I	S	E	R	T	G	P	U	C	A	N	T	E	M	O	S
U	C	O	N	A	Q	O	A	U	P	O	K	O	L	M	O	M	I	B	E
V	H	I	C	I	E	R	R	E	O	N	Z	M	E	B	M	I	R	Z	P
T	B	U	U	P	I	M	O	N	Z	G	T	P	M	O	E	R	E	X	A
S	R	M	E	G	L	B	M	G	T	A	A	R	N	U	I	U	N	Y	Q
R	N	L	N	H	A	V	N	O	Y	U	E	E	U	I	S	Z	Q	A	A
Q	E	N	T	I	E	N	D	A	S	C	O	M	A	S	Q	U	O	E	Y
P	J	K	R	L	A	A	V	L	E	H	P	O	T	K	P	Q	V	H	L
O	L	M	E	G	S	S	L	E	F	E	O	S	I	L	O	R	V	O	P
I	A	P	N	B	X	F	D	A	H	R	R	A	O	G	H	S	N	Y	O
U	R	E	O	N	Z	I	U	A	M	T	U	L	L	Y	A	A	M	S	J
D	V	O	M	E	J	O	R	E	S	H	N	G	Q	X	I	F	O	D	T
F	D	U	R	M	A	M	O	S	B	O	X	A	Y	Q	U	I	E	R	A

Wenn du 12 Formen gefunden hast, bringt dich das auf dem Weg zum Goldschatz um zwei Steine weiter.

148 Carlitos (C) und seine Mutter (M) sprechen über die Konflikte zwischen Eltern und Kindern. Welche Meinungen haben sie? Ersetze die Infinitive durch ihre entsprechenden Formen im *subjuntivo presente*:

1. M: Me parece normal que los hijos (vivir) _____ con nosotros hasta casarse.

2. C: Me parece aburrido que mis padres (ver) _____ la tele todas las noches.

3. M: Me parece mal que los jóvenes (fumar) _____.

4. C: Pienso que es normal que los jóvenes (comer) _____ hamburguesas.

5. M: No me gusta que los jóvenes (beber) _____ alcohol.

6. C: Me parece bien que los jóvenes (pasar) _____ sus vacaciones con amigos.

7. M: No me gusta que los jóvenes no (estudiar) _____ demasiado.

8. C: Pienso que es importante que los jóvenes (llevar) _____ ropa de moda.

9. M: No me gusta que los jóvenes (hablar) _____ por teléfono con sus amigos durante horas.

10. C: Me parece ridículo (= lächerlich) que los padres (preocuparse) _____ tanto.

9 richtige Lösungen bringen dich auf dem Weg zum Goldschatz um zwei Steine weiter.

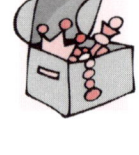

149 Michael hat wieder einmal eine E-Mail an Pepe geschickt; beim *subjuntivo* war er noch etwas unsicher und hat die Zeitwörter immer im *indicativo* und im *subjuntivo* verwendet. Verbessere die E-Mail, du musst nur die falsche Form durchstreichen:

Hola Pepe:

*¿Qué tal? Nuria y yo llegamos ayer a la península Yucatán, o sea a una ciudad que (1.) **está** / **esté** cerca de Chichén Itzá, y aunque (2.) **llueve** / **llueva**, estoy seguro de que lo (3.) **vamos** / **vayamos** a pasar muy bien. Espero que nuestra presencia aquí en casa de unos amigos de Juana no (4.) **es** / **sea** una carga para ellos y que no (5.) **se sienten** / **se sientan** molestados por nosotros. Nuria opina que les (6.) **vamos** / **vayamos** a pedir que nos (7.) **visitan** / **visiten** en España el año que viene para que (8.) **ven** / **vean** cómo (9.) **es** / **sea** la vida allí. Creo que un viaje a Madrid les (10.) **hace** / **haga** mucha ilusión; no creo que su visita nos (11.) **resulta** / **resulte** pesada porque (12.) **son** / **sean** realmente muy simpáticos.*

*El viaje a la península Yucatán ha sido largo y cansado, por eso (13.) **es** / **sea** importante que (14.) **aprovechamos** / **aprovechemos** lo más posible estos días. ¡Ojalá mañana (15.) **hace** / **haga** mejor tiempo. Los amigos de Juana quieren que (16.) **vamos** / **vayamos** a la selva.*

*¿Todavía sueles ir a esta discoteca que (17.) **está** / **esté** cerca de la estación de Atocha? ¿Todavía estás buscando una chica que te (18.) **acompaña** / **acompañe**? Pues, ¡que (19.) **tienes** / **tengas** mucha suerte y que te lo (20.) **pasas** / **pases** bien!*

Saludos,
Michael

Bei 14 richtigen Lösungen überwindest du den Berg.

Viertes Kapitel
Encuentro 4

Die Befehlsform – *El imperativo*

Carlos: ¡Buf! ¡Qué calor! ¿Os molesta que baje la ventanilla?
Paloma: ¡Ay! ¡No, por favor, no la abras! ¡Pon el aire acondicionado!
Juana: Si tienes calor, Carlos, ¡quítate tu suéter!
Carlos: Pero, ¿por qué? Es mejor un poco de aire del campo y, además ...
Michael: Nuria, warum verwendet Paloma den *subjuntivo* von „abrir" nach „no" und ... ¿qué significan las palabras "pon" y "quítate"?
Nuria: Son formas del imperativo.
Michael: ¿Sí? ¿Las formas del subjuntivo y las del imperativo son las mismas? ¡Qué bien!
Nuria: Ojo, Michael, eso se refiere sólo a las formas del imperativo negativo y a las de usted. Éstas equivalen a las del subjuntivo ... nur die Formen der verneinten Befehlsform und von „usted" entsprechen jenen des *subjuntivo*.

Die bejahte Befehlsform für die 2. Person Einzahl *(tú)* und Mehrzahl *(vosotros/-as)*

	hablar	**comer**	**escribir**
tú	¡habla!	¡come!	¡escribe!
	sprich!	iss!	schreib!
vosotros/-as	¡hablad!	¡comed!	¡escribid!
	sprecht!	esst!	schreibt!

Die Befehlsform der 2. Person Einzahl *(tú)* hat die gleiche Form wie die 3. Person Einzahl der Gegenwart:

¡Hab**la** más despacio! → Sprich langsamer!
Hab**a** muy despacio.   → Er spricht sehr langsam.

Alle Unregelmäßigkeiten der 3. Person Einzahl gelten auch für diese Form:

Carlos cierra la ventanilla. – ¡Cierra la ventanilla!
Carlos schließt das Fenster. – Schließe das Fenster!
Michael prueba los tacos. – ¡Prueba los tacos!
Michael kostet die Tacos. – Koste die Tacos!

Es gibt nur acht Ausnahmen!

decir	sagen		¡di!
hacer	machen		¡haz!
ir	gehen		¡ve!
poner	stellen		¡pon!
salir	ausgehen		¡sal!
ser	sein		¡sé!
tener	haben		¡ten!
venir	herkommen		¡ven!

Die Befehlsform der 2. Person Mehrzahl (*vosotros/-as*) wird von der Nennform abgeleitet, z. B.: *hablar* → *¡hablad!* Das **-r** wird durch ein **-d** ersetzt. Diese Form ist die grammatikalisch korrekte. In der Umgangssprache verwendet man die Nennform:

| ¡hablar! → sprecht! | ¡comer! → esst! | ¡escribir! → schreibt! |

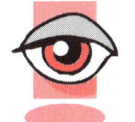

Alle Formen in der 2. Person Mehrzahl (*vosotros/-as*) sind regelmäßig. **Es gibt keine Ausnahmen!**

150 Was sagt die Mutter zu Carlitos? Übersetze:

1. Deck den Tisch! 2. Sag die Wahrheit! 3. Mach das Bett! 4. Trink Wasser! 5. Geh in den Garten hinaus (hinausgehen = *salir*)! 6. Komm her!

Um spanische Kochrezepte zu entschlüsseln und nachkochen zu können, solltest du dir folgende Liste von Verben gut einprägen:

agregar	hinzufügen	*partir*	teilen; halbieren
colocar	legen; (an)ordnen	*pelar*	schälen
cubrir	bedecken	*pinchar*	(durch)stechen
echar	gießen	*rellenar*	füllen
escurrir	abtropfen	*remover*	umrühren; entfernen
extraer	herausnehmen	*rociar*	übergießen
freir	braten	*sacar (del fuego)*	(vom Feuer) nehmen
machacar	zerstampfen	*servir*	servieren
mezclar	mischen	*trocear*	zerkleinern

151 Da Michael die mexikanischen Tacos sehr gut schmecken, hat ihm Juana ein Rezept für „*Tacos de pollo*" aufgeschrieben. Das Kochrezept ist üblicherweise in der Nennform angegeben. Wie lauten die entsprechenden Imperativformen, wenn Michael Nuria die Zubereitung der Tacos erläutert?

Ingredientes:

20 tortillas
250 ml. de crema fresca
250 g de queso parmesano
2 pechugas de pollo cocidas
½ cebolla cortada
¼ de lechuga
aceite de maíz
20 palillos

Preparación:

1. **trocear** las pechugas de pollo
2. **rellenar** y **enrollar** las tortillas cuidadosamente
3. **pinchar** las tortillas con los palillos
4. **poner** el aceite a calentar en una sartén
5. **freír** los tacos por los dos lados
6. **sacar** los tacos de la sartén
7. **dejarlos** escurrir para quitar el exceso de grasa
8. **agregar** la crema, las cebollas en rodajas, la salsa de queso y, por último, la lechuga picada.

Die bejahte Befehlsform für die 3. Person Einzahl *(usted)* und Mehrzahl *(ustedes)*

Die Formen für die 3. Person Einzahl und Mehrzahl entsprechen den Formen des *presente de subjuntivo*:

	hablar	comer	escribir
usted	¡hab**le** usted!	¡com**a** usted!	¡escrib**a** usted!
ustedes	¡hab**len** ustedes!	¡com**an** ustedes!	¡escrib**an** ustedes!

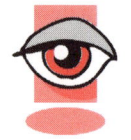

Die Personal- und Reflexivpronomen müssen bei der bejahten Befehlsform immer angehängt werden. Zur Beibehaltung der Aussprache des Zeitwortes muss ein Akzent gesetzt werden:

¡Escríbe**me** pronto! Schreib mir bald!
¡Siénta**te**! Setz dich!
¡Siénte**se**! Setzen Sie sich!

In der 2. Person Mehrzahl fällt dadurch das *-d* weg:

senta**d** + os → ¡sentaos! / ¡sentaros! Setzt euch!
ABER: *irse: id* + os → ¡idos! / ¡iros! Geht weg!

Die verneinte Befehlsform

Für **alle** Personen der verneinten Befehlsform wird ebenso das *presente de subjuntivo* verwendet:

	hablar	comer	escribir
tú	¡no habl**es**!	¡no com**as**!	¡no escrib**as**!
vosotros/-as	¡no habl**éis**!	¡no com**áis**!	¡no escrib**áis**!
usted	¡no habl**e** Ud.!	¡no com**a** Ud.!	¡no escrib**a** Ud.!
ustedes	¡no habl**en** Uds.!	¡no com**an** Uds.!	¡no escrib**an** Uds.!

Ausgangspunkt für die Bildung der Befehlsform von *usted / ustedes* und der verneinten Formen ist immer die 1. Person Einzahl der Gegenwart. Die Imperativformen weisen deshalb auch die gleichen Unregelmäßigkeiten wie diese Form auf, z. B.:

*hacer (**hago**)* → *¡haga usted! ¡no hagas! ¡no hagáis!*

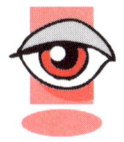

Im Unterschied zur bejahten Befehlsform müssen die Personalpronomen immer **vor** dem konjugierten Verb stehen:

*¡No **lo** hagas!* Mach es nicht!
*¡No **me lo** digas!* Sag es mir nicht!

152 Verneine die Befehle aus Aufgabe 150!

153 Verwandle die verneinte Befehlsform in die bejahte und umgekehrt:

1. ¡No pongáis la mesa ahora! _____
2. ¡Sal conmigo! _____
3. ¡Hablad despacio! _____
4. ¡No hagas ruido! _____
5. ¡Come la tarta! _____
6. ¡No compres estas botas! _____
7. ¡Venid a la fiesta! _____

Michael: *¡Genial!* Jetzt weiß ich, warum es so wichtig ist, die Subjuntivoformen aus dem Effeff zu können!

Nuria: *¿Ya las sabes al dedillo? Perfecto. Además está demostrado que el español es una lengua muy fácil si estudias un poco y haces todos los ejercicios necesarios.*

Michael: Ya lo sé, la práctica hace al maestro. ¿Dónde tienes los ejercicios?
Nuria: Aquí los tienes. A ver cuánto tiempo necesitas para hacerlos.

154 Sieh dir die folgenden Verbformen an, die entweder im Präsens oder im Imperativ stehen. Ordne sie in die richtige Spalte ein und ergänze die Tabelle mit den fehlenden Formen:

vengo – haz – coma – pon – vaya – tengo – vive – salga

| | Imperativo | | Presente | Infinitivo |
	tú	usted	yo	
1.	ven	venga	**vengo**	venir
2.				
3.				
4.				
5.				
6.				
7.				
8.				

155 Ergänze die Tabelle mit den entsprechenden Imperativformen. Achte auf den sich ändernden Stammvokal:

	pr*o*bar	p*e*nsar	p*e*dir
tú			
usted			
vosotros/-as			
ustedes			

	rep*e*tir	c*o*ntar	emp*e*zar
tú			
usted			
vosotros/-as			
ustedes			

VAYA... PONGÁIS.. SEA... HAGAN...

156 *Rompecabezas*: Wie viele Imperativformen kannst du in dieser Schlange finden? (Kleiner Hinweis: Jeder Endbuchstabe ist gleichzeitig der Anfangsbuchstabe des nächsten Zeitwortes. Achtung – zwei der enthaltenen Zeitwörter sind rückbezüglich!)

→	P	O	N	G	A	N
U	E	N	T	R	A	D
C	N	T	A	O	P	E
N	E	A	N	S	A	N
E	S	E	L	A	G	A
C	O	D	I	D	A	D
E	I	P	M	E	D	A

157 Markiere jene Verbformen, die den bejahten Imperativ wiedergeben, und trage anschließend die entsprechenden Infinitive und Personen (*tú, vosotros, usted, ustedes*) in die Tabelle ein:

1. *di*	9. *escribió*	17. *ven*	25. *sepa*	33. *vistió*
2. *siga*	10. *hablé*	18. *haz*	26. *están*	34. *vais*
3. *tomad*	11. *escuchas*	19. *volved*	27. *quieres*	35. *dijo*
4. *cierren*	12. *hice*	20. *id*	28. *vayan*	36. *salen*
5. *comed*	13. *tuviste*	21. *vuelven*	29. *empiece*	37. *esperan*
6. *piden*	14. *hacéis*	22. *vengo*	30. *cruza*	38. *decís*
7. *coman*	15. *ponga*	23. *escuche*	31. *giren*	39. *bailad*
8. *estudian*	16. *cuenta*	24. *tienes*	32. *dé*	40. *canté*

1. *decir* (*tú*)			

DIABLO, ¡VEN AQUÍ Y SÉ BUENO!

158 Antworte wie im Beispiel:

¿Llamo a Paloma?   Tú   Sí, llámala.

1. ¿Escribimos las postales?   Ustedes   Sí, _____.
2. ¿Hago los ejercicios?   Tú   Sí, _____.
3. ¿Pedimos la cuenta al camarero? Vosotros Sí, _____.
4. ¿Ponemos el CD?   Ustedes   Sí, _____.
5. ¿Pruebo las tortillas de maíz?   Tú   Sí, _____.
6. ¿Repito las frases?   Usted   Sí, _____.
7. ¿Tomamos el metro?   Vosotros Sí, _____.
8. ¿Abro la puerta?   Tú   Sí, _____.

159 Ergänze die folgenden Minidialoge mit den Imperativformen und – wo erforderlich – mit den entsprechenden Pronomen:

1. ¿Puedo abrir la ventanilla? – No, por favor, no (tú) _____, es que tengo frío.

2. (Pasar, ustedes) _____, (pasar, ustedes) _____. ¿Qué tal están? – Bien, gracias.

3. ¿Te traigo la revista? – Sí, _____.

4. Michael, por favor, (poner) _____ la mesa. – Enseguida.

5. A ver ... Señor Gafas, ¡(escribir) _____ a su colega Buenolfato una noticia y (mandar) _____ por e-mail! – Pero ... no tengo tiempo.

6. Carlitos, (hacer) _____ tus tareas. – No quiero, mamá.

7. Tengo dolor de cabeza. ¿Me tomo una aspirina? – Sí, (usted) _____.

8. ¿Puedo hacer una llamada? Es que tengo que llamar a casa un momentito. – Sí, (usted) _____.

9. ¿Hago yo la cena? – No, no (tú) _____. Hoy me toca a mí.

160 Wie würden die Imperativformen für das Kochrezept aus Aufgabe 151 lauten, wenn Michael mit Nuria per „Sie" wäre?

161 Nuria hat auch ein Rezept von Juana bekommen. Aber es gibt ein Problem: Sie kann es nicht gut lesen, da Michael beim Nachkochen Tomatensaft draufgespritzt hat. Kannst du die Infinitive der nun unleserlichen Verben einfügen?

agregar – machacar – mezclar – partir – sacar – servir

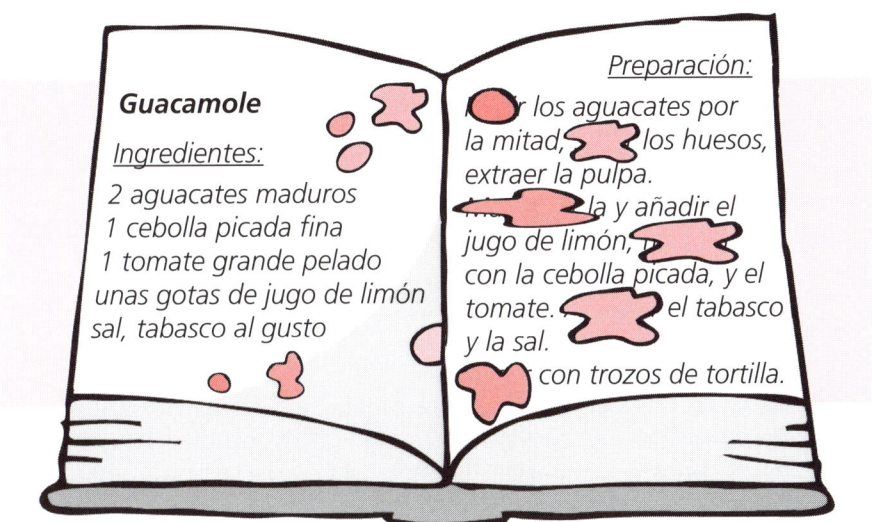

Guacamole

Ingredientes:

2 aguacates maduros
1 cebolla picada fina
1 tomate grande pelado
unas gotas de jugo de limón
sal, tabasco al gusto

Preparación:

___r los aguacates por la mitad, ___ los huesos, extraer la pulpa.
___la y añadir el jugo de limón, ___ con la cebolla picada, y el tomate. ___ el tabasco y la sal.
___ con trozos de tortilla.

162 Nuria möchte ein wenig abspecken, wie sie es nennt. Michael hat für sie dazu die passenden Tipps aufgeschrieben, beim Imperativ ist er aber noch nicht so sicher. Hilf ihm und setze die Infinitive in die entsprechende Form:

Cómo no engordar: Las reglas de oro

1. (Cambiar) _____ tus costumbres:

2. no (comer) _____ grasas y no (beber) _____ alcohol,

3. (hacer) _____ mucho deporte,

4. (montar) _____ en bicicleta, (nadar) _____ en el mar,

5. (entrar) _____ en acción:

6. (subir) _____ y (bajar) _____ las escaleras,

7. no (ir) _____ en ascensor,

8. (bailar) _____ salsa,

9. (dar) _____ paseos por el parque,

10. (ir) _____ conmigo al gimnasio, pero

11. (hacer) _____ lo todo con cuidado y moderación.

¿QUÉ TE PASA? LAS ZANAHORIAS SON MUY SANAS, Y ADEMÁS...

¡NO ME DIGAS!

163 Wenn dir in einem spanischsprachigen Land etwas weh tut und du in eine Apotheke oder zu einem Arzt musst, solltest du die spanischen Ausdrücke der wichtigsten Körperteile kennen. Lies dir die Liste aufmerksam durch und präge dir die Wörter gut ein!

la barba	Bart	*la lengua*	Zunge
el bigote	Schnurrbart	*la mano*	Hand
la boca	Mund	*la muñeca*	Handgelenk
el brazo	Arm	*las nalgas*	Gesäß
la cabeza	Kopf	*la nariz*	Nase
la cadera	Hüfte	*el oído*	Gehör
el codo	Ellbogen	*el ojo*	Auge
el cuello	Hals	*la oreja*	Ohr
el dedo	Finger; Zehe	*el pecho*	Brust
la espalda	Rücken	*el pelo*	Haar
el estómago	Magen	*el pie*	Fuß
la garganta	Kehle	*la pierna*	Bein
el hombro	Schulter	*la rodilla*	Knie
los labios	Lippen	*el tobillo*	Knöchel

Michael: *Estoy muy mal.* Mir tut der Bauch weh.
Nuria: *Pobrecito, ahora te duele el estómago. ¿Puede ser que hayas comido demasiado?* Hast du vielleicht zu viel gegessen?
Michael: *¡Que no! He probado solamente unas cositas de Juana.*
Nuria: *Sabes, Michael, tienes que comer más zanahorias, son muy sanas, ¿no?*
Michael: *¿...?*

164 Ergänze in den Redewendungen die fehlenden Körperteile.

lengua   boca   oídos   pie   mano   pelo   dedo   cabeza

1. No tiene un _ _ _ _ de tonto.
2. Ha perdido la _ _ _ _ _ _ .
3. Soy todo _ _ _ _ _ .
4. No tiene pelos en la _ _ _ _ _ _ _ .
5. Se me hace la _ _ _ _ agua.
6. Échame una _ _ _ _ .
7. Me viene como anillo al _ _ _ _ .
8. Se levantó con el _ _ _ izquierdo.

165 Ordne den Redensarten die entsprechende Bedeutung zu:

a. A Nuria todo le sale mal hoy.
b. Michael es muy inteligente.
c. Nuria se ha vuelto loca, no sabe qué hacer primero.
d. Michael siempre dice abiertamente lo que piensa de las cosas.
e. Nuria escucha a Michael con atención.
f. Es perfecto para Nuria.
g. Michael quiere que Nuria le ayude.
h. A Nuria le parece muy buena la comida.

frase hecha
8.

166 Wenn du dieses Kreuzworträtsel richtig löst, dann erfährst du, wie man auf Spanisch sagt, dass sich jemand kein Blatt vor den Mund nimmt:

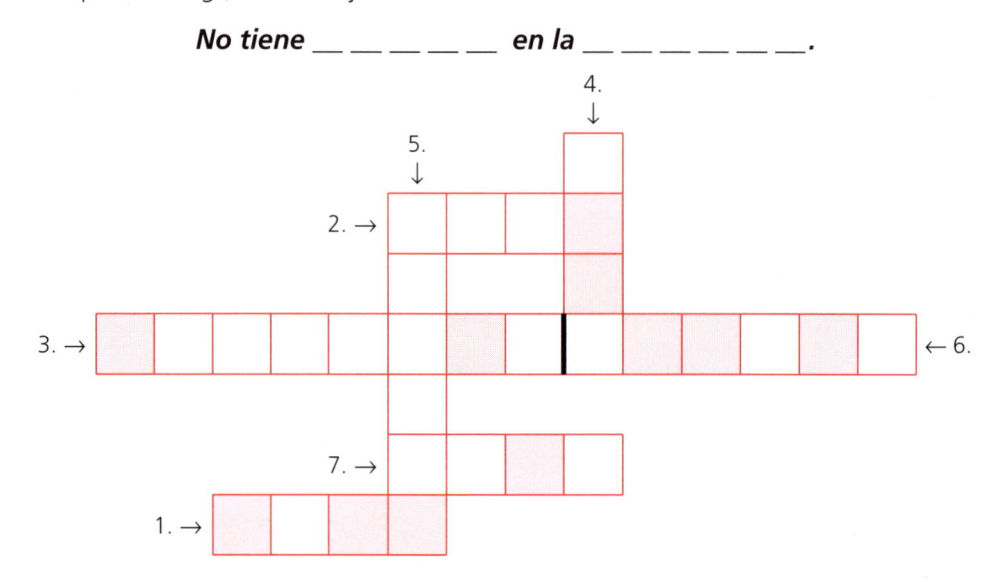

No tiene __ __ __ __ __ *en la* __ __ __ __ __ __.

1. *Sirven para andar.*
2. *Con la ... cerrada no podemos hablar.*
3. *Si comes demasiado te duele mucho.*
4. *La necesitamos para saludar.*
5. *Sirven para abrazar a alguien.*
6. *Está entre el cuerpo y la cabeza.*
7. *Los necesitamos para leer.*

167 Michael muss zum Arzt. Er hat sich den Magen verdorben. Was empfiehlt ihm der Arzt? Ergänze im folgenden Dialog die entsprechenden Verben des *imperativo* der 3. Person Einzahl!

Dr. Estetoscopio: ¡Buenos días! ¿Qué le trae por aquí?
Michael: Aay, me siento muy mal.
Dr. Estetoscopio: A ver, ¿qué le duele?
Michael: Me duele mucho el estómago. Y además tengo diarrea.
Dr. Estetoscopio: ¿Qué ha comido hoy?
Michael: Sólo un helado, nada más.
Dr. Estetoscopio: Aha, entonces está claro: padece una toxiinfección alimentaria.
Michael: ¿Una ... cómo ha dicho?
Dr. Estetoscopio: Una toxiinfección. Es sólo una indigestión.
Michael: Y, ¿qué consejos me puede dar?
Dr. Estetoscopio: No (comer) (1.) _____ nada hoy, y (tomar) (2.) _____ una infusión de manzanilla.
Michael: ¿Cómo puedo evitarlo la próxima vez?

Dr. Estetoscopio: (Mantener) (3.) _____ una correcta higiene personal porque es la mejor manera de evitar una toxiinfección. (Ser) (4.) _____ especialmente cuidadoso con la limpieza de sus manos. (Lavarse) (5.) _____ las manos con agua caliente y jabón tras haber tenido contacto con materiales sucios. (Evitar) (6.) _____ helados, salsas, cremas y natas porque son productos considerados de "alto riesgo". No (consumir) (7.) _____ mahonesa hecha con huevo crudo. (Calentar) (8.) _____ bien los alimentos. Es la mejor manera de reducir los riesgos de toxiinfección. (Almacenar) (9.) _____ los alimentos a las temperaturas adecuadas y (revisar) (10.) _____ las fechas de caducidad. Y, lo más importante, si el consumo de un alimento le produce diarrea, náuseas y vómitos, (acudir) (11.) _____ inmediatamente al médico.

Michael: Gracias, doctor. Ya estoy mejor. Hasta luego.

Vocabulario:

diarrea	= Durchfall
vomitar	= erbrechen, sich übergeben
padecer	= leiden (unter)
toxiinfección f. alimentaria	= Lebensmittelvergiftung
indigestión f.	= Magenverstimmung
infusión de manzanilla	= Kamillentee
evitar	= vermeiden
limpieza	= Sauberkeit
jabón m.	= Seife
crudo/a	= roh
almacenar	= lagern
fecha de caducidad	= Ablaufdatum
náuseas	= Übelkeit
acudir	= aufsuchen

168 Nuria hat eine E-Mail an ihre Freundin Carmen geschrieben, in der sie Tipps gibt, wie Diablo, Nurias Katze, zu behandeln ist. Durch einen Übertragungsfehler sind die Zeitwörter leider unvollständig – ergänze die Verben im *imperativo*:

Querida Carmen:
Gracias por tu mail. Ya sé que es difícil cuidar a mi gatito, pero sabes, por algo le puse el nombre Diablo. Bueno, te voy a dar algunos consejos de cómo tratarlo. A ver, (poner) (1.) _____ le una cinta de vídeo de "Mickey Mouse" porque son sus películas favoritas

o (leer) (2.) _____ le unas páginas de "La ratonera" de Agatha Christie y verás que se tranquiliza rápidamente. No le (dar) (3.) _____ mucho de comer a Diablo, es que va a engordar y te va a costar mucho llevarlo de un sitio a otro. (Llevar) (4.) _____ lo a pasear por el Retiro, por lo menos dos veces al día. Pero no le (dejar) (5.) _____ bañarse en el estanque porque se podría resfriar. No (abrir) (6.) _____ las ventanas, es que a Diablo le gusta muchísimo cazar las palomas. No (apagar) (7.) _____ las luces si os vais a dormir, es que a mi gatito le da bastante miedo la oscuridad. Y una cosa muy importante, no le (comprar) (8.) _____ un nuevo ratón de peluche si no puede encontrar el suyo. Suele esconderlo detrás del armario y entonces finge ser un gato triste que echa de menos su juguete favorito. Si vas otra vez a la consulta del veterinario (olvidar) (9.) _____ te de las vacunas. Mi Diablo tiene miedo de las inyecciones. (Llamar) (10.) _____ al veterinario y (decir) (11.) _____ le que venga a nuestra casa para vacunarlo. Entonces (preparar) (12.) _____ le un poco de leche caliente con miel al gatito. Esta bebida va a calmarlo y no va a pensar en la inyección.
Si tienes más preguntas, (escribir) (13.) _____ me.

Un fuerte abrazo,
Nuria

P.D. ¡ (14.) (Dar) _____ le un beso muy fuerte a Diablo!

Ejercicios finales:

169 Busca el intruso. Streiche das Wort, das nicht in die Reihe passt:

1. barba – boca – brazo – labios
2. tobillo – oreja – rodilla – pie
3. codo – brazo – dedo – lengua
4. bigote – pelo – barba – cuello

Wenn du alle richtig hast, bringt dich das auf dem Weg zum Goldschatz um zwei Steine weiter.

170 Ergänze in der Tabelle die fehlenden Formen des *imperativo*:

	hablar		comer		escribir	
tú	habla			no comas	escribe	
usted		no hable	coma			no escriba
ustedes	hablen			no coman	escriban	

7 richtige Lösungen bringen dich auf dem Weg zum Goldschatz um zwei Steine weiter.

171 Diablo ist vor dem Fernseher eingeschlafen. Er träumt davon, auf dem Weg nach Mexiko zu sein. Um das Wohlbefinden der Passagiere zu steigern, erläutert eine Stewardess ein paar Turnübungen. Die Verben versteht Diablo nicht so recht. Wie muss der *imperativo* der 3. Person Einzahl (*usted*) lauten?

GonzálezAir quiere ayudarles a relajarse y disfrutar de este vuelo con unos suaves ejercicios.

1. (Sentarse) _____ en posición erguida; a continuación,

   (doblar) _____ el codo sobre la cabeza.

2. Despacio, (empujar) _____ el codo hacia atrás.

3. No (aguantar) _____ la respiración mientras haga el ejercicio.

4. (Seguir) _____ con otro ejercicio sencillo.

5. (Cerrar) _____ las manos.

6. Ahora alternativamente (abrir) _____ y (cerrar)

   _____ los puños. Abrir … Cerrar … Abrir … Cerrar …

7. (Relajar) _____ las manos.

8. (Juntar) _____ las palmas de las manos

   y (ponerlas) _____ entre las rodillas.

9. (Presionar) _____ éstas lo más fuerte

   que pueda, y (aguantar) _____

   durante 10 segundos.

10. Si le es posible, al mismo tiempo

    (subir) _____ y

    (bajar) _____ los pies.

Vocabulario:
empujar = drücken
aguantar = hier: (die Luft) anhalten
puño = Faust
juntar = hier: schließen
palma = Handfläche
presionar = drücken

Bei 13 richtigen Lösungen passierst du das Dorf.

Fünftes Kapitel
Encuentro 5

Die Zukunft – *El futuro*

Juana: ¿Crees en la astrología?
Nuria: Pues, no sé. ¿Por qué me preguntas?
Juana: Conozco a una chica mexicana que es muy sabia, es una verdadera bruja. Te echará las cartas si quieres.
Paloma: Oye, Juana, siempre te dicen lo mismo ...
Nuria: Y que lo digas.
Paloma: ... te casarás con un hombre guapísimo al que conocerás pronto, tendrás mucho dinero, vivirás en un chalet superlujoso, no trabajarás nunca más, los dos podréis viajar mucho, seréis felices, pero muy felices y ...
Michael: ¡Basta ya! Halt! No me entero de lo que estáis hablando. Ich kapiere nicht, wovon ihr gerade sprecht.
Juana: Del futuro, chico, del futuro ... von der Zukunft.
Michael: O sea, ¿**echará**, **trabajarás** y **tendrás** son las formas del futuro?
Nuria: ¡Sí, señor! Para explicarte eso no hace falta ser vidente. Um dir das zu erklären muss man keine Hellseherin sein. *Escúchame atentamente y verás que las formas del futuro son bastante fáciles* ... hör mir gut zu und du wirst sehen, dass die Formen des Futur sehr einfach sind.

Die Bildung der Zukunft – *Formas del futuro*

Regelmäßige Zeitwörter – *Verbos regulares*

Die Endungen für die Bildung des Futurs entsprechen denjenigen des Hilfszeitworts *haber*, das du ja schon vom *pasado compuesto* her kennst.

172 Ergänze die fehlenden Formen von *haber*:

	Einzahl		Mehrzahl
yo		nosotros, -as	
tú	has	vosotros, -as	habéis
él / ella / usted		ellos, ellas, ustedes	

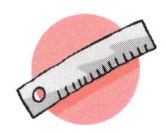

Die Zukunft der regelmäßigen Zeitwörter bildest du, indem du an die Nennform die entsprechenden Endungen – mit Akzent! – anhängst.

	trabajar	*conocer*	*vivir*
(yo)	*trabajaré*	*conoceré*	*viviré*
(tú)	*trabajarás*	*conocerás*	*vivirás*
(él, ella, usted)	*trabajará*	*conocerá*	*vivirá*
(nosotros/-as)	*trabajaremos*	*conoceremos*	*viviremos*
(vosotros/-as)	*trabajaréis*	*conoceréis*	*viviréis*
(ellos/-as, ustedes)	*trabajarán*	*conocerán*	*vivirán*

Michael: Die Endungen für die Verben auf **-ar**, **-er** und **-ir** sind beim *futuro* immer gleich?
Nuria: Sí, señor.
Michael: ¡Qué bien!
Nuria: Con los verbos irregulares pasa lo mismo. Auch alle unregelmäßigen Verben haben diese Endungen!

Unregelmäßige Zeitwörter – *Verbos irregulares*

Sie haben die Endungen der regelmäßigen Verben, die aber an einen unregelmäßigen Stamm angehängt werden.

Infinitiv		Veränderter Stamm	Endungen
haber (Hilfsverb)	haben	*habr-*	
caber	hineinpassen	*cabr-*	
poder	können	*podr-*	
querer	wollen	*querr-*	**é**
saber	wissen	*sabr-*	**ás**
poner	stellen	*pondr-*	**á**
tener	haben	*tendr-*	**emos**
venir	herkommen	*vendr-*	**éis**
salir	ausgehen	*saldr-*	**án**
decir	sagen	*dir-*	
hacer	machen	*har-*	

> VEO A UN CHICO MUY LISTO QUE ESTÁ PRACTICANDO MUCHÍSIMO.
>
> ¿DE VERDAD?

173 Wandle jetzt zur Übung ein paar regelmäßige Zeitwörter im *futuro* ab!

| hablar | comer | escribir | ayudar | beber | abrir |

174 Und wie lauten die Formen dieser unregelmäßigen Verben im *futuro*?

| caber | poner | hacer | decir | venir | querer |

175 Setze folgende Präsensformen ins *futuro*:

1. pregunto → _____
2. vende → _____
3. escuchamos → _____
4. comes → _____
5. salgo → _____
6. compráis → _____
7. reciben → _____
8. viven → _____
9. viaja → _____
10. estudian → _____

176 In dieser Stufenpyramide verbergen sich 10 Verben im *futuro*. Findest du sie?

```
                              X
                           O  F  L
                        C  V  G  A  C
                     R  O  E  H  V  R  T
                  Z  O  M  N  Y  K  U  V  I
               M  I  B  E  D  H  Y  D  I  R  E
            P  Q  U  E  R  R  A  N  O  V  E  I  S
         X  O  L  E  T  A  A  B  J  A  I  C  H  E  I
      N  U  M  E  R  A  N  S  L  H  A  R  E  M  O  S  E
   I  U  S  A  L  S  A  B  R  A  G  N  A  T  U  R  A  C  P
H  A  B  L  R  P  O  N  D  R  E  I  S  X  Y  Z  A  M  O
A  B  C  A  T  E  N  D  R  E  M  O  S  P  O  N  R  A  S
```

177 Schreib jetzt die gefundenen Formen auf und setze in der rechten Spalte die Nennform hinzu:

Die Verwendung der Zukunft – *Uso del futuro*

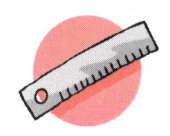

Man verwendet die Zukunft

◆ zur Beschreibung eines in der Zukunft liegenden Umstandes:

*Juana **viajará** a España el año que viene.*
Juana wird im nächsten Jahr nach Spanien reisen.

◆ zum Ausdruck einer Vermutung:

*¿La hora? **Serán** las dos y media.*
Wie spät es ist? Es wird wohl halb drei sein.

◆ um die Folge einer Handlung auszudrücken:

*Si en la selva no te pones un repelente, los mosquitos te **picarán**.*
Wenn du dich im Urwald nicht mit einem Insektenschutzmittel eincremst, werden dich die Mücken stechen.

178 Nuria hat Heimweh! Vor dem Einschlafen überlegt sie, was sie machen wird, wenn sie wieder in Madrid ist.

CUANDO ESTÉ EN MADRID, JUGARÉ TODA LA TARDE CON DIABLO.

1. *(Oír)* _____ mis discos compactos favoritos.

2. *(Jugar)* _____ al ajedrez.

3. *(Salir)* _____ a bailar cada noche.

4. No *(hacer)* _____ nada los domingos.

5. *(Ver)* _____ en la televisión un programa muy bueno.

6. *(Dar)* _____ una vuelta por el Retiro.

7. *(Levantarse)* _____ tarde por la mañana.

8. *(Reunirse)* _____ con unas amigas.

9. *(Ir)* _____ a un restaurante para comer tapas.

10. *(Organizar)* _____ una fiesta.

Folgende Zeitangaben werden häufig verwendet, um auf Zukünftiges zu verweisen:

esta tarde/noche	heute Abend/Nacht
mañana/pasado mañana	morgen/übermorgen
el fin de semana	am Wochenende
la semana/el mes/el año que viene *la/el próximo/a semana/mes/año*	nächste Woche/nächsten Monat nächstes Jahr
dentro de quince días	innerhalb von zwei (!) Wochen
luego/después/más tarde	dann/später
¿a qué hora ? *¿cuándo?*	wann?
en Navidades/en Semana Santa	zu Weihnachten/zu Ostern

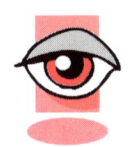

Wenn durch eine dieser Zeitangaben eine klare Zeitbestimmung der Zukunft vorliegt, kann eine zukünftige Handlung wie im Deutschen durch das *presente* ausgedrückt werden:

La fiesta de despedida es el domingo que viene.
Das Abschiedsfest findet nächsten Sonntag statt.

Michael: *O sea, ¿en realidad no hace falta estudiar las formas del futuro?*
Nuria: *Pues, el presente también nos sirve para expresar el futuro.* Die Gegenwart kann **auch** verwendet werden, um Zukünftiges auszudrücken. *Lo que tú estás aprendiendo de momento es la forma propia del futuro.* Du lernst gerade die Formen des eigentlichen Futur. *¿Me explico?*
Michael: *¡Que sí!*
Nuria: *También podemos usar el infinitivo para expresar el futuro, ¿recuerdas?*
Michael: *Cómo no,* **vamos a tomar una copa**. Wir werden etwas trinken, *¿no?*

Die Struktur *presente* von **ir + a + Infinitiv** wird meist als Umschreibung des *futuro* verwendet, v. a. wenn eine Handlung in der unmittelbaren Zukunft ausgedrückt wird bzw. eine Absicht zum Ausdruck gebracht werden soll:

En las vacaciones **voy a ir** *a México.*
In den Ferien werde ich nach Mexiko fahren.

Eine vergleichbare Struktur gibt es auch im Englischen. Folgender Satz ist für dich sicher nichts Neues:

I'm going to study all the new words this afternoon.
Heute Nachmittag werde ich alle neuen Vokabel lernen.

Das „going-to-future" verwendet man, um eine in der nahen Zukunft liegende Absicht auszudrücken.

Michael: *Pero, ¿cuándo sé qué forma de futuro tengo que usar?* Wann weiß ich, welche Form ich verwenden muss?
Nuria: *Cada una de las posibilidades mencionadas da un matiz diferente a la frase.* Jede dieser Möglichkeiten verleiht dem Satz einen feinen Unterschied hinsichtlich seiner Bedeutung. *¡Observa las preguntas siguientes!* Achte einmal auf folgende Fragen:

¿Qué **vas a hacer** *en México?* → Bei dieser Frage gehe ich davon aus, dass du konkrete Pläne hast.
¿Qué **harás** *en México?* → In diesem Fall stelle ich mir vor, dass du keine konkreten Pläne hast.

Die Formen **presente** + **klare Zeitangabe der Zukunft** bzw. **ir + a + infinitivo** werden in der Umgangssprache zum Ausdruck von Ereignissen der nahen Zukunft bevorzugt. Die Formen des eigentlichen *futuro* werden als formeller empfunden.

179 *Cuestión de lógica.* Kannst du mit der folgenden Information die Tabelle ergänzen?

Paloma, Carlos, Nuria, Michael, Juana y Diego forman tres parejas. Este fin de semana, una pareja va a una representación de danzas típicas en la plaza del Zócalo, la otra al Museo Nacional de Antropología para ver la Piedra del Sol, la otra a Teotihuacán, a la espectacular Pirámide de la Luna.

Carlos va a ir a la representación de danzas típicas, pero no va con Nuria.
Paloma va a salir con Michael.
Nuria va a ir a Teotihuacán.
Diego va a salir el viernes.
Michael va a ir al Museo de Antropología.
Juana no va a salir el domingo.

¿Quién?	¿Qué van a hacer?	¿Cuándo?

180 Vervollständige jetzt die Sätze:

1. Carlos _____ _____ ir a una representación de danzas típicas en la plaza del Zócalo. Va a ir el _____.

2. El _____ Michael va a ir al Museo Nacional de Antropología con _____.

3. Diego va a ir el viernes _____ _____. Va a ir con _____.

181 Die Wochentage, die Monatsnamen und die Jahreszeiten hast du schon gelernt. Bring sie in die jeweils richtige Reihenfolge!

> diciembre – domingo – junio – marzo – viernes – verano – abril – jueves – julio – enero – sábado – lunes – primavera – otoño – septiembre – miércoles – mayo – agosto – invierno – octubre – febrero – martes – noviembre

Días de la semana	Meses del año	Estaciones del año

182 Bring die folgenden Zeitangaben in die chronologische Reihenfolge und übertrage die entsprechenden Nummern auf die Zeitachse!

❶ ayer
❷ mañana
❸ el próximo año
❹ el mes que viene
❺ hace tres años
❻ dentro de quince días
❼ pasado mañana
❽ anteayer
❾ la semana que viene
❿ esta noche

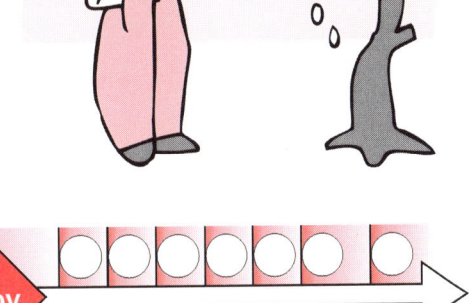

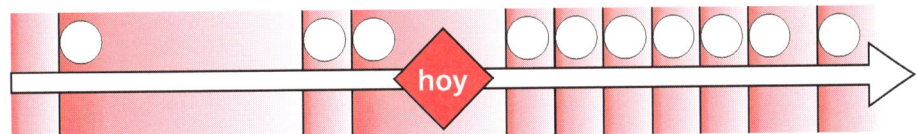

YA ES TIEMPO DE QUE VOLVAMOS A ESPAÑA.

hoy

183 Kennst du schon die spanischen Bezeichnungen für die Sternzeichen? Ordne den deutschen Wörtern ihre spanische Entsprechung zu!

1. STEINBOCK
2. WAAGE
3. WIDDER
4. LÖWE
5. WASSERMANN
6. ZWILLING
7. SKORPION
8. FISCH
9. SCHÜTZE
10. JUNGFRAU
11. STIER
12. KREBS

a. PISCIS
b. ACUARIO
c. CAPRICORNIO
d. SAGITARIO
e. ESCORPIO
f. LIBRA
g. VIRGO
h. LEO
i. CÁNCER
j. GÉMINIS
k. TAURO
l. ARIES

184 *Sopa de letras.* Hier sind die in den Sätzen fehlenden Zeitangaben auf Spanisch versteckt. Findest du sie? Die übrigen Buchstaben ergeben das Sternzeichen von Michael.

L	A	P	R	O	X	I	M	A
S	E	M	A	N	A	O	A	V
P	A	S	A	D	O	Q	Ñ	I
E	S	T	A	I	T	U	A	E
A	G	N	O	C	H	E	N	N
E	L	A	Ñ	O	A	R	A	E
S	E	N	J	U	L	I	O	I

Solución: ☐☐☐☐☐☐☐

1. (Nächstes Jahr) *Juana piensa ir de vacaciones a España.*
2. (Im Juli) *Michael quiere hacer un cursillo de español en Santander.*
3. (Nächste Woche) *Nuria se comprará el nuevo DVD de la película "El señor de los anillos".*
4. (Übermorgen) *los amigos oirán un concierto de Jordi Savall.*
5. (Heute Nacht) *van a una fiesta de despedida.*

185 Michael will Juana zum Abschied ihr Jahreshoroskop schenken. Im Internet hat er das passende gefunden, doch leider fehlen nach dem Ausdruck die entsprechenden Verbformen des *futuro*. Hilf ihm sie zu ergänzen!

Amor: **Empezar** *(tú)* (1.) _____ con un período muy expansivo, con una intensa vida social donde las actividades sociales de todo tipo **estar** (2.) _____ a la orden del día. De igual forma **conocer** *(tú)* (3.) _____ a muchas personas que con el tiempo **convertirse** (4.) _____ en amigos fieles. La primavera, en cuestiones de pareja, si no la tienes, **ser** (5.) _____ muy importante para encontrar tu media naranja.

Salud: En la segunda mitad del año **tener** *(tú)* (6.) _____ algunos problemas físicos pero **intentar** *(tú)* (7.) _____ dormir y descansar más para restablecer tu equilibrio.

Dinero: Las perspectivas económicas **presentarse** (8.) _____ muy favorables a lo largo del año. Hacia las fechas de verano te **tocar** (9.) _____ la lotería.

Trabajo: **Ser** (10.) _____ un año en el que **poder** *(tú)* (11.) _____ desarrollar una habilidad especial para las cuestiones creativas. **Haber** (12.) _____ un gran interés por tu labor.

186 Lies den folgenden *trabalenguas*, so schnell du kannst!

*No me mires, que miran
que nos miramos,
y verán en tus ojos
que nos amamos.
No nos miremos,
que cuando no nos miren
nos miraremos.*

187 Du kannst dich sicherlich noch an den neuen Fall vom *detective* Gafas im Einleitekapitel erinnern: Gafas bat seinen mexikanischen Kollegen Buenolfato um Hilfe, da er vermutete, dass die verschwundene Tochter von Roberto González entführt wurde. Lies die Antwort von Buenolfato und setze dabei die Infinitive ins *futuro*!

Amigo mío:

Por razones distintas no había podido responderte antes. Como yo de momento tengo que perseguir a dos ladrones, que robaron un cuadro muy famoso de Frida Kahlo, y no puedo asistirte personalmente, te (comentar, yo) (1.) _____ qué puedes hacer para encontrar una pista en el caso del supuesto secuestro de Lidia, la hija mayor del señor González: Si vas de San Lázaro a Ciudad Azteca en metro, (pasar, tú) (2.) _____ por una estación que se llama Bosque de Aragón. Si bajas allí, (llegar, tú) (3.) _____ a un restaurante buenísimo donde no sólo (comer, tú) (4.) _____ los mejores tacos de la ciudad sino también (poder, tú) (5.) _____ conocer a Diego, un amigo mío que antes trabajaba de cocinero en uno de los hoteles de Roberto González. Te (dar, él) (6.) _____ unas informaciones muy interesantes sobre el paradero de Lidia. (Ser) (7.) _____ una pista bastante caliente. Ya (ver, tú) (8.) _____ , si en realidad se trata de un secuestro, los delincuentes (dejar) (9.) _____ muchas huellas.

Suerte y saludos, tu amigo Buenolfato.

188 *Detective* Gafas erhält von Diego einen Brief. Die anonymen Verfasser wenden sich direkt an den Detektiv. Lies den Text aufmerksam durch! Dabei ist es nicht wichtig, dass du jedes Wort verstehst.

Señor Gafas:

Parece ser que Echecalt, dios azteca del viento, le será favorable y limpiará de contaminación los cielos de la Ciudad de México para usted. Desde un alto edificio de oficinas en el sector occidental de la ciudad, tendrá el privilegio de ver la urbe más poblada del planeta y la mayor del mundo en la que se habla español. Por encima del hormiguero, donde pulularán más de treinta millones de almas, seguirán levantándose majestuosas las cumbres nevadas de los volcanes Popocatépetl e Iztaccíhualt. Tendrá que empaparse bien de la visión, pues en esta ciudad, enclavada a 2.400 m de altitud en un valle rodeado de montañas, la contaminación atmosférica alcanzará niveles tan altos que apenas dejará pasar los tímidos rayos del sol.

Sin embargo, los defeños o chilangos – como se llaman los habitantes – mantendrán con su ciudad una atracción cariñosa y continuarán con sus trabajos cotidianos. Y, señor superdetective Gafas, en el bar de un hotel pequeño usted tomará su primer cóctel Margarita, para bajar su tasa de adrenalina.

Atentamente,
XXX.

189 Auf der Rückseite findet *detective* Gafas ein Kreuzworträtsel zum Inhalt des Briefes. Wenn er es knackt – so ein kurzer Hinweis – ergeben die Buchstaben in den rosa Kästchen den Aufenthaltsort von Lidia. Wo ist sie?

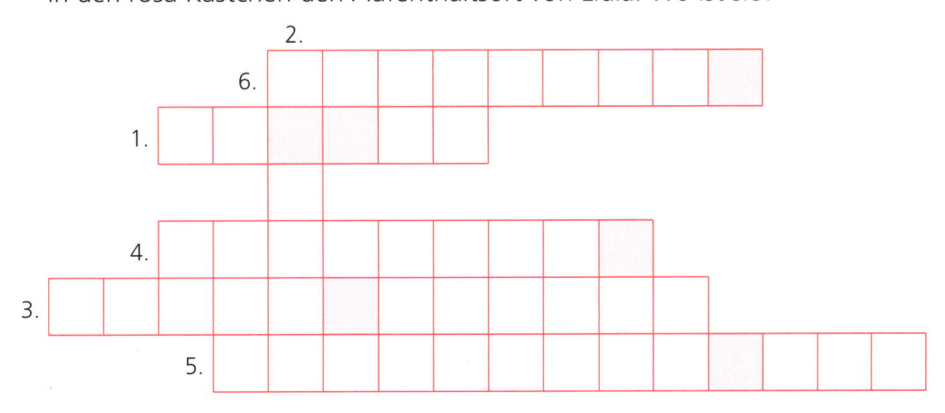

1. *Echecalt es el dios azteca del ...*
2. *La ciudad de ... es la mayor del mundo en la que se habla español.*
3. *El volcán más famoso de México se llama ...*
4. *Los habitantes de la capital se llaman ...*
5. *Desgraciadamente hay una ... enorme.*
6. *La ... es una bebida alcohólica.*

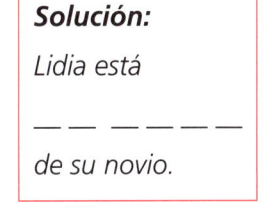

Solución:

Lidia está

— — — — —

de su novio.

Ejercicios finales:

190 Was werden Nuria, Michael und alle anderen nächstes Jahr machen? Ergänze die folgenden Sätze mit den entsprechenden Formen des *futuro*!

1. *Juana y sus amigos (viajar)* _____ *por España.*
2. *Michael (volver)* _____ *a ver a sus amigos de México.*
3. *Nuria (terminar)* _____ *su carrera y todos sus amigos (hacer)* _____ *una fiesta para celebrarlo.*
4. *Blanca (tener)* _____ *su primer coche.*
5. *Paloma y Carlos (decir)* _____ *a sus padres que planean casarse.*
6. *El detective Gafas (solucionar)* _____ *otro caso muy difícil y, por fin, (poder)* _____ *tomar las vacaciones que tanto desea.*
7. *Diablo (enamorarse)* _____ *de una gata persa.*

7 richtige Lösungen bringen dich auf dem Weg zum Goldschatz um zwei Steine weiter.

191 Der kleine Carlitos schreibt – leider im Infinitiv – über seine Zukunft. Nun liegt es an dir, die entsprechenden Formen im *futuro* bzw. *subjuntivo* zu ergänzen.

1. *Cuando (ser)* _____ *mayor, (ser)* _____ *piloto.*
2. *Cuando (ir)* _____ *a la selva mexicana, (ver)* _____ *las pirámides de Chichén Itzá.*
3. *Cuando (estar)* _____ *contento, (volver)* _____ *a casa.*
4. *Cuando (poder)* _____ *viajar más, (ir)* _____ *a la selva mexicana.*
5. *Cuando (sacar)* _____ *muchas fotos, (estar)* _____ *por fin contento.*
6. *Cuando (volver)* _____ *a casa, (descansar)* _____ *del viaje.*
7. *Cuando (ver)* _____ *las pirámides, (sacar)* _____ *muchas fotos.*
8. *Cuando (tener)* _____ *un avión, (poder)* _____ *viajar más.*
9. *Cuando (ser)* _____ *piloto, (tener)* _____ *un avión propio.*

15 richtige Lösungen bringen dich auf dem Weg zum Goldschatz um zwei Steine weiter.

192 Ordne die neun Sätze aus Übung 191 zu einem Kreis-Text. Nummeriere sie in der Schlange:

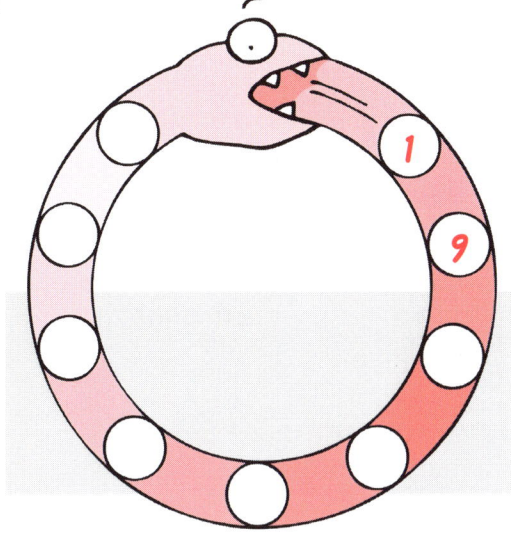

193 Erinnerst du dich noch an *señor* Amoroso? Stell dir vor, plötzlich hat er ein schlechtes Gewissen, dass er seine Frau und seine Kinder so lange alleine lässt. Deshalb ruft er sie an und gibt den besten Ehemann aller Zeiten. Vervollständige seine Versprechungen mit den passenden Zeitwörtern im *futuro*.

"*Cuando vuelva ...*

1. ____*limpiaré*____ toda la casa.
2. _____ la aspiradora cada día.
3. _____ las compras.
4. _____ a los niños al colegio.
5. _____ la mesa todos los días.
6. te _____ unos pendientes de oro.
7. _____ el mejor marido del mundo.

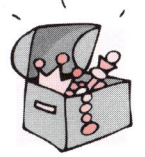

Te lo prometo, tesoro mío."

¡NO ME DIGAS!

Bei 6 richtigen Lösungen kommst du über die Schlucht zur Pyramide.

Abschlusstest

Mit den folgenden Übungen kannst du überprüfen, welche Fortschritte du auf dem Weg zur Meisterschaft schon gemacht hast.

194 Setze die Verbformen in die passende Spalte ein:

Presente de indicativo	Presente de subjuntivo	Futuro

dicho – diré – daba – tuvieron – sepamos – comeremos – compro – vendré – vendió – iba – visto – hable – hablé – duermes – hice – tienen – haga – leo – empezaremos – puesto – conozcáis – abierto – escriban – pueden – supieron – pondrás – tengan – vuelto – trabajaba – tomado – volvemos – escrito – abriré – era – esté – había – hubo – conocíamos – fuimos – veías – digamos – saldrán – veo – vivís – escribisteis – querré – escuchabas – podido

Indefinido	Imperfecto	Participio

Wenn du alles richtig zugeordnet hast, darfst du die erste Stufe der Pyramide emporsteigen.

195 Unterstreiche die richtigen Pronomen:
1. *En el museo no hemos visto **algo / nada** interesante.*
2. *¿Ya has comido **algo / a alguien**? – No, todavía no he comido **nada / a nadie**.*
3. *En esta librería venden **cada / todo** libro por sólo diez pesos.*
4. *¿Conoces **alguno / algún** restaurante mexicano en Madrid? – No, no conozco **ningún / ninguno**.*
5. *En el hotel asesinaron al señor Rico **cuyo / cuya** empresa tiene problemas económicos.*

Für 4 richtige Lösungen darfst du eine weitere Stufe der Pyramide emporsteigen.

196 Beantworte die Fragen, indem du direktes bzw. indirektes Objekt durch die entsprechenden Pronomen ersetzt:
1. *¿Michael te ha enseñado las fotos de México?*
   – No, no _____.
2. *¿Paloma se ha comprado un sombrero típico?*
   – Sí, _____.
3. *¿Juana va a visitar a su hermana el año que viene?*
   – Sí, _____.
4. *¿Juana les explica sus recetas a Nuria y Michael?*
   – Sí, _____.
5. *¿Diego te ha dicho que Michael ha estado enfermo?*
   – No, no _____.

Für 4 richtige Lösungen darfst du zwei weitere Stufen der Pyramide emporsteigen.

197 Nuria berichtet Carmen in einer E-Mail über ihren Ausflug in den Regenwald. Setze die passenden Formen von *indefinido* bzw. *imperfecto* ein:

Querida Carmen:

Te mando este "emilio" para contarte las aventuras que (vivir, nosotros)(1.) _____ la semana pasada en la selva. (Ir, nosotros) (2.) _____ en un autobús viejísimo que (estar) (3.) _____ lleno de gente que (viajar) (4.) _____ con sus gallinas y cerditos ... Todo el mundo (charlar) (5.) _____ en voz muy alta así que (haber) (6.) _____ un ruido horroroso pero (ser) (7.) _____ muy divertido. Por fin (llegar, nosotros) (8.) _____ al pueblo. (Hacer) (9.) _____

mucho calor y, de repente, Michael (ponerse) (10.) _____ malo. Carlos y yo lo (llevar) (11.) _____ a un "shamán" que (vivir) (12.) _____ cerca. Este señor le (dar) (13.) _____ unas hojas raras, pero después de dos horas Michael (sentirse) (14.) _____ mucho mejor y (poder, nosotros) (15.) _____ empezar nuestra caminata en la que (ver, nosotros) (16.) _____ incluso algunos monos. A propósito: ¿Cómo está mi gatito?

Un fuerte abrazo,
Nuria

Für 12 richtige Lösungen darfst du zwei weitere Stufen der Pyramide emporsteigen.

198 Welche der folgenden Ausdrücke verlangen den *indicativo*, welche den *subjuntivo?* Trage sie in die entsprechende Spalte ein und füge die deutsche Übersetzung hinzu:

~~es cierto que~~, ~~es necesario que~~, estoy seguro de que, no es verdad que, opino que, no creo que, espero que, me parece que, me parece raro que, me gusta que, es evidente que, es posible que, es obligatorio que, es triste que, es una pena que, pienso que, es seguro que, quiero que

Indicativo	
es cierto que	es stimmt, dass

Subjuntivo	
es necesario que	es ist nötig, dass

Wenn du alles richtig zugeordnet hast, darfst du noch eine Stufe der Pyramide emporsteigen.

199 *Presente de indicativo* oder *subjuntivo*? Entscheide dich für die richtige Form:

1. Juana quiere que Michael **prueba / pruebe** sus tacos.
2. Es cierto que la comida mexicana **es / sea** muy picante, pero a mí me gusta muchísimo.
3. Antes de comer fruta es importante que la **lavas / laves** cuidadosamente.
4. A Michael le molesta un poco que los mexicanos **llevan / lleven** sus animales en autobús.
5. Nuria cree que Diablo **se encuentra / se encuentre** muy solo sin ella.
6. No es verdad que México, D.F. **es / sea** una ciudad sucia.

Für 5 richtige Lösungen darfst du eine weitere Stufe der Pyramide emporsteigen.

200 *Señora* Amoroso ist einkaufen gegangen und hat ihren Kindern und ihrem Ehemann eine Notiz in der Küche hinterlassen. Ersetze die Infinitive durch die entsprechenden Formen des bejahten oder verneinten *imperativo*:

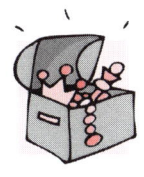

Niños:

1. No ver _____ la tele toda la tarde.
2. Hacer _____ vuestras camas.
3. No jugar _____ en el salón.
4. No salir _____ con el perro.
5. Arreglar _____ vuestras habitaciones.

Mi vida:

6. No charlar _____ con la vecina.
7. Preparar _____ la cena.
8. Poner _____ la mesa.
9. No beber _____ vino.
10. Sacar _____ la basura.

Für 8 richtige Lösungen darfst du eine weitere Stufe der Pyramide emporsteigen.

201 Am Ende ihres Aufenthalts in Mexiko suchen Nuria und Michael eine Wahrsagerin auf, um etwas über ihre Zukunft zu erfahren. Wie immer bei solchen Gelegenheiten bleibt ein gewisser Unsicherheitsfaktor ... Wähle aus den gegebenen Möglichkeiten die richtige:

Nuria, tú (1.) _____ una chica muy lista y alegre y muy (2.) _____ amiga de Michael. Veo que (3.) _____ ya le enseñaste muchas cosas y que queréis seguir (4.) _____. Michael, tú eres muy trabajador y ya sabes defender (5.) _____ bastante bien en castellano, pero quieres ser un verdadero maestro y esperas que Nuria te (6.) _____. Veo también que el año que viene haréis un viaje (7.) _____ España. Os acompañará una amiga (8.) _____ conocisteis en México aunque en realidad es española. Veo que Michael (9.) _____ mucho éxito en la escuela y Nuria terminará (10.) _____ carrera. Pero Nuria, tú tienes que cuidarte mucho – te aconsejo que (11.) _____ un poco más de deporte. Y Michael, por favor, no (12.) _____ practicar el español, ya sabes que la práctica hace al maestro.

1. a) *estás*
   b) *eres*
   c) *seas*

2. a) *bien*
   b) *buen*
   c) *buena*

3. a) *el año pasado*
   b) *el año que viene*
   c) *hoy*

4. a) *aprendido*
   b) *aprender*
   c) *aprendiendo*

5. a) *se*
   b) *te*
   c) *le*

6. a) *ayuda*
   b) *ayudas*
   c) *ayude*

7. a) *por*
   b) *para*
   c) *de*

8. a) *la que*
   b) *a la que*
   c) *que*

9. a) *tendrá*
   b) *tenga*
   c) *tendré*

10. a) *sus*
    b) *suya*
    c) *su*

11. a) *haces*
    b) *hagas*
    c) *hacías*

12. a) *dejes*
    b) *dejes a*
    c) *dejes de*

Bei 10 richtigen Lösungen darfst du die letzten zwei Stufen emporsteigen und hast dir den Goldschatz am Gipfel der Pyramide verdient!

VOKABELVERZEICHNIS SPANISCH → DEUTSCH

a	an, auf, in, um, zu, nach
a continuación	anschließend
a la derecha	rechts
al aire libre	im Freien
al día	täglich
al final	schließlich
al fondo	hinten, am Ende
al gusto	nach Geschmack
al lado de	neben
al mediodía	zu Mittag
al mismo tiempo	gleichzeitig
al norte	nördlich
a la vez	gleichzeitig
a las ocho	um 8 Uhr
a lo largo del año	im Laufe des Jahres
a lo mejor	vielleicht
a partir de	ab
a pesar de	trotz
a propósito	apropos
a qué hora	um wie viel Uhr?
a veces	manchmal
abiertamente	offen; deutlich
abierto/a	offen
aborigen m. + f.	Ureinwohner(in)
abrazar	umarmen
abrazo	Umarmung
abril m.	April
abrir	öffnen
abuelo/a	Großvater/-mutter
aburrido/a	langweilig
aburrir(se)	(sich) langweilen
acabar (de) + Inf.	etwas gerade getan haben
accidente m.	Unfall
acción f.	Handlung
aceite m.	Öl
acercarse	sich nähern
aclarar	erklären
acompañar	begleiten
aconsejar	raten
acordarse <o → ue>	sich erinnern
acostarse <o → ue>	sich niederlegen, ins Bett gehen
actividad f.	Tätigkeit; Beschäftigung
acuario	Wassermann (Sternz.)
acudir	aufsuchen
adecuado/a	passend
además	außerdem
aeropuerto	Flughafen
agosto	August
agregar	hinzufügen
agua f. (aber: el agua)	Wasser
agua mineral	Mineralwasser
aguacate m.	Avocado
aguantar	aushalten; anhalten
ahora	jetzt
ahora mismo	sofort, gleich
ahorrar	sparen
aire acondicionado	Klimaanlage
ajedrez m.	Schach
alcanzar	erreichen
alcohólico/a	alkoholisch
alegrarse (de)	sich freuen (über)
alegre	fröhlich
alegría	Freude
alemán/a	deutsch; Deutsche(r)
algo	etwas
algo más	noch etwas
alguien	jemand
alguno/a	irgendein(e)
alimento	Nahrungsmittel
allí	dort
alma f. (aber: el alma)	Seele
almacenar	lagern
almorzar <o → ue>	zu Mittag essen
alojarse	sich einquartieren
Alpes m./Mz.	Alpen
alquilar	mieten
alternativamente	abwechselnd
altitud f.	Höhe
alto/a	groß
alumno	Schüler
amable	liebenswürdig
amar	lieben
América	Amerika
americano/a	amerikanisch; Amerikaner(in)
amigo/a	Freund(in)
amor m.	Liebe
andar	(zu Fuß) gehen
anillo	Ring
animal m.	Tier
anorak m.	Anorak
anteayer	vorgestern
antes (de)	vor; vorher; früher
antiguo/a	alt
antropología	Anthropologie
año	Jahr
apagar	ausmachen, abschalten
aparecer	erscheinen
apenas	kaum
apetecer <-zc->	Lust haben zu
aprender	lernen
aprender de memoria	auswendig lernen
aprovecharse de	profitieren von; ausnutzen
aquí	hier
araña	Spinne
aries m.	Widder (Sternz.)
armario	Schrank; Kasten
aroma	Aroma
arreglar	aufräumen
arriba	auf!
artesano	Handwerker
ascensor m.	Lift
asesinar	ermorden; töten
asesinato	Mord
asistir (a)	teilnehmen (an), helfen

aspiradora	Staubsauger	*bolígrafo*	Kugelschreiber
aspirina	Aspirin	*bolso*	Tasche
astrología	Astrologie	*bonito/a*	hübsch; schön
astronomía	Astronomie	*borde m.*	Rand
astuto/a	schlau	*bosque m.*	Wald
asustar(se)	(sich) erschrecken	*bota de goma*	Gummistiefel
atención f.	Aufmerksamkeit	*bota de trekking*	Trekkingschuh
atentamente	aufmerksam; mit freundlichen Grüßen	*botella*	Flasche
		botiquín m.	Reiseapotheke
aterrizar	landen	*brazo*	Arm
Atlántico	Atlantik	*bruja*	Hexe
atmosférico/a	atmosphärisch	*brújula*	Kompass
atracción f.	Anziehungskraft	*bueno/a*	gut; brav
aunque	selbst wenn; wenn auch; obwohl	*buscar*	suchen
		caber	(hinein)passen
austríaco/a	österreichisch; Österreicher(in)	*cabeza*	Kopf
		cabrito	Geißlein
autobús m.	Autobus	*cada (uno/a)*	jede(r, s)
aventura	Abenteuer	*cadáver m.*	Leiche
averiguar	herausfinden	*cadera*	Hüfte
avión m.	Flugzeug	*caer*	fallen; stürzen
ay	ach	*café m.*	Kaffee; Café
ayer	gestern	*café m. solo*	Espresso
ayuda	Hilfe	*cafetería*	Café
ayudar	helfen	*caja*	Kasse
azafata	Stewardess	*calentar <e → ie>*	(er)wärmen; erhitzen
azteca	aztekisch; Azteke(in)	*calle f.*	Straße
azul	blau	*calmar*	beruhigen
bailar	tanzen	*calor m.*	Wärme; Hitze
bajar	hinuntergehen; (ab-, aus)steigen	*cama*	Bett
		cámara (fotográfica o de fotos)	Fotoapparat
bajar el volumen	leiser stellen		
bajo/a	klein	*camarada m. + f.*	Kamerad(in)
balancear	balancieren; schaukeln	*camarero/a*	Kellner(in)
banana*	Banane	*cambiar*	ändern
banco	Bank	*caminar*	gehen
bandolero	Straßenräuber	*caminata*	langer Fußmarsch
banquero	Banker	*camino*	Weg
bañarse	(sich) baden	*camión* m.*	Autobus
baño	Bad	*camión m.*	LKW
bar m.	Kneipe; (Steh-)Café; Bar	*camping m.*	Campingplatz
		campo	Land
barato/a	billig	*cáncer m.*	Krebs (Sternz.)
barba	Bart	*canción f.*	Lied
basta	genug!	*cansado/a*	müde
bastante	ziemlich	*cansar*	müde machen
basura	Müll	*cansarse de algo*	etwas satt haben
beber	trinken	*cantar*	singen
bebida	Getränk	*cantimplora*	Trinkflasche
Bella Durmiente f.	Dornröschen	*capital f.*	Hauptstadt
bello/a	schön	*capricornio*	Steinbock (Sternz.)
besar	küssen	*cara*	Gesicht; Seite
beso	Kuss	*carabela*	Karavelle (Schiffstyp)
bicicleta (bici)	Fahrrad	*cárcel f.*	Gefängnis
bien	gut	*carga*	Last
bienvenido/a	willkommen!	*cariñoso/a*	liebevoll; zärtlich
bigote m.	Schnurrbart	*carne f.*	Fleisch
billete m.	Ticket; Fahrschein	*caro/a*	teuer
Blancanieves	Schneewittchen	*carrera*	Studium
blanco/a	weiß	*carro**	Auto
boca	Mund	*carta*	Brief
bola	Kugel	*cartera*	Brieftasche
boleto*	Fahrschein	*cartografía*	Kartographie

casa	Haus	cometer	begehen; verüben
casado/a	verheiratet	comida	Essen
casarse	heiraten	como	wie
casi	fast	cómo	wie?
caso	Fall	como Dios manda	wie es sich gehört
castaño	dunkelhaarig	cómodo/a	bequem
castellano/a	kastilisch; spanisch	compañera	Kameradin; Freundin
castillo de arena	Sandburg	comparar	vergleichen
caza	Jagd	componer	zusammensetzen; komponieren
cazar	jagen		
cebolla	Zwiebel	comprar	kaufen
celebrar	feiern	comprender	verstehen
cena	Abendessen	computadora*	Computer
cenar	zu Abend essen	con	mit
Cenicienta	Aschenbrödel	concierto	Konzert
centro	Zentrum	conducir <-zc->	fahren; lenken
cerca (de)	nahe bei; in der Nähe	conjugar	konjugieren
cerdito	Schweinchen	conmigo	mit mir
cero	null	conocer <-zc->	kennen, kennen lernen
cerrado/a	geschlossen		
cerrar <e → ie>	schließen	conocido/a	bekannt
cerveza	Bier	conquistador m.	Eroberer
César	Caesar	conquistar	erobern
chalet m.	Villa	consejo	Ratschlag
champán m.	Champagner	considerar	halten (für)
charlar	plaudern, schwatzen	construir	bauen
chica	Mädchen	consulta	Praxis (eines Arztes)
chico	Junge	consumir	verbrauchen; verzehren
chile m.	Chili		
chino/a	chinesisch; Chinese, -in	consumo	Verbrauch
		contacto	Kontakt
chocolate m.	Schokolade	contaminación f.	Umweltverschmutzung
cielo	Himmel		
cien	hundert	contar <o → ue>	zählen; erzählen
cierto	sicher	contento/a	zufrieden
cifra	Ziffer	contestar	antworten
cigarrillo	Zigarette	continuar	fortfahren
cinco	fünf	contra	gegen
cine m.	Kino	contratar	einstellen; engagieren
cinta de vídeo	Videokassette	control m.	Kontrolle
ciudad f.	Stadt	convencer <c → z> de	überzeugen von
civilización f.	Zivilisation	convertirse <e → ie>	sich verwandeln
claro/a	klar	copa	Glas
cliente m.	Kunde	cordial	herzlich
coartada	Alibi	correcto/a	richtig
coche m.	Auto	correr	laufen
cocido/a	gekocht	cortar	schneiden
cocina	Küche	corto/a	kurz
cocinar	kochen	cosa (cosita*)	Sache (kleine Sache)
cocinero	Koch	costar <o → ue>	kosten
cóctel m. de bienvenida	Begrüßungscocktail	costumbre f.	Angewohnheit; Brauch, Sitte
codo	Ellbogen	cotidiano/a	(all)täglich
coger	nehmen	creativo/a	kreativ
colaborar	zusammenarbeiten	crédito	Kredit
colega m. + f.	Kollege, -in	creer	glauben
colegio	Schule	crema	Creme
colocar	legen; (an)ordnen	crema solar	Sonnencreme
Colón	Columbus	crimen m.	Verbrechen
combinar	kombinieren	criticar	kritisieren
comentar	besprechen; erläutern, erzählen	cruce m.	Kreuzung
		crudo/a	roh
comer	essen	cruel	grausam

cruzar	überqueren	deporte m.	Sport
cuadro	Gemälde	derramar	verschütten
cuál, cuáles	welche(r, s)?	desaparecer <-zc->	verschwinden
cualquier	irgendein(e, s)	desarrollar	entwickeln
cualquiera	jede(r, s) (beliebige)	descansar	sich ausruhen
cuando	als; (immer) wenn; sobald	descanso	Pause
		desconfiar	bezweifeln, misstrauen
cuándo	wann?		
cuánto	wie viel?	describir	beschreiben
cuántos años tiene	wie alt ist er?	descubrir	entdecken
cuatro	vier	desde – hasta	von – bis
cubrir	bedecken	desde + Zeitpunkt	seit
cucaracha	Kakerlak	desde hace + Zeitraum	seit
cuello	Hals	desear	wünschen
cuenta	Rechnung	desgraciadamente	leider
cuento	Märchen; Geschichte	despacio	langsam
cuerpo	Körper	despedir(se) <e → i>	(sich) verabschieden
cuestión f.	Frage	despegue m.	Start
cuidado	Sorgfalt; Vorsicht	despertarse <e → ie>	aufwachen
cuidadoso/a	vorsichtig; sorgfältig	después (de)	dann; danach
cuidar	betreuen	detective m.	Detektiv
cultura	Kultur	detener	festnehmen; anhalten
cumbre f.	Gipfel	determinar	bestimmen
cumpleaños m.	Geburtstag	detrás de	hinter
cumplir años	Geburtstag feiern	día m.	Tag
curiosidad f.	Sehenswürdigkeit; Neugier	Día m. de los Muertos	Allerseelen
		día m. de la semana	Wochentag
curioso/a	neugierig	diablo	Teufel
curry m.	Curry (Gewürz)	diarrea	Durchfall
curso (cursillo)	Kurs	dibujos animados	Zeichentrickfilm
cuyo/a	dessen, deren	diccionario	Wörterbuch
danza	Tanz	diciembre m.	Dezember
dar	geben	diez	zehn
dar pena	Leid tun	diferencia	Unterschied
dar un paseo; dar una vuelta	Spaziergang machen	diferente	verschieden
		difícil	schwierig
dar unos trucos	einige Tricks verraten	dinero	Geld
darle la lata a alguien	jem. auf die Nerven gehen	Dios m.	Gott
		dirección f.	Adresse; Richtung
darse cuenta de	bemerken	directamente	direkt
de	von, aus	dirigir	führen, leiten
de – a	von – bis	disco	(Schall-)Platte
de acuerdo	einverstanden	discoteca	Diskothek
de mala gana	widerwillig	disculparse	sich entschuldigen
de momento	im Augenblick	discutir	diskutieren; streiten
de nuevo	wieder	disfrutar de	genießen
de pronto	plötzlich	disquete m.	Diskette
de repente	plötzlich	distinguir	unterscheiden
de sobra	genug; im Überfluss	distraer	ablenken
deberes m./Mz.	Hausaufgaben	divertido/a	lustig
decir	sagen	divertirse	sich amüsieren
declarar	erklären	doblar	beugen
dedo	Finger; Zehe	doctor m.	Doktor
defender <e → ie>	verteidigen	documento	Dokument
defeño*, chilango*	Bewohner von Mexiko City	dólar m.	Dollar
		doler <o → ue>	schmerzen
dejar	borgen; lassen	dolor m. de cabeza	Kopfschmerzen
dejar (de) + Inf.	aufhören zu	domingo	Sonntag
delante de	vor	Domingo de Resurrección	Ostersonntag
delincuente m. + f.	Verbrecher(in)		
demás	übrige(r, s)	donde	wo
demasiado	zu (viel)	dónde	wo?
dentro (de)	in; innerhalb von	dorado/a	golden

dormir <o → ue>	schlafen	entrar	betreten
dormir como un lirón/un tronco	wie ein Murmeltier schlafen	entre	zwischen
		enumerar	aufzählen
dos	zwei	enviar	schicken
dudar	zweifeln	equilibrio	Gleichgewicht
durante	während	equipaje m.	Gepäck
durazno*	Pfirsich	equipo de camping	Campingausrüstung
duro/a	hart; anstrengend	equivaler	entsprechen
echar	werfen, übergießen	érase una vez	es war einmal
echar de menos	vermissen	erguido/a	aufrecht
echar las cartas	Karten legen	error m.	Fehler
echar una mano a alguien	jemandem helfen	escalera	Treppe
		esconder(se)	(sich) verstecken
echarse a + Inf.	beginnen zu + Inf.	escorpio	Skorpion (Sternz.)
económico/a	wirtschaftlich	escribir	schreiben
edificio	Gebäude	escuchar	zuhören
Egipto	Ägypten	escuela	Schule
ejemplo	Beispiel	escurrir	abtropfen
ejercicio	Übung	ese, esa	diese(r, s)
ejercicio final	Abschlussübung	eso	dieses
el	der	espalda	Rücken
él	er	España	Spanien
elefante m.	Elefant	español/a	spanisch; Spanier(in)
elegante	elegant	especial	speziell
elegir <e → i>	wählen	especialmente	besonders
elemento	Element	espectacular	spektakulär
ella	sie	esperar	warten; hoffen
ellos/as	sie	esqueleto	Skelett
e-mail m. (emilio)	E-Mail	esquiar	Ski fahren
empaparse	in sich aufsaugen	esta mañana	heute Morgen
emperador m.	Kaiser	esta noche	heute Nacht
empezar <e → ie>	beginnen; anfangen	esta tarde	heute Nachmittag/ Abend
empollar	büffeln		
empollón m.	Streber	estación f. (de trenes)	Bahnhof
emprender	in Angriff nehmen; unternehmen	estación f. del año	Jahreszeit
		Estados Unidos	Vereinigte Staaten
emprender un viaje	eine Reise machen	estanque m.	Teich
empresa	Firma	estar	sein; sich befinden
empujar	drücken	estar a la orden del día	an der Tagesordnung sein
en	in, an, auf		
en absoluto	keineswegs	estar de visita	auf Besuch sein
en dirección	in Richtung	estar demostrado	bewiesen sein
en punto	Punkt	estar empollado de algo	etwas aus dem Effeff können
en vez de	anstatt		
enamorarse de	sich verlieben in	estar enamorado/a de	verliebt sein in
enano	Zwerg	estar fascinado/a	fasziniert, begeistert sein
encantar	gefallen; begeistern		
enclavado/a	eingeschlossen	estar fuera	weg, außer Haus sein
encontrar <o → ue>	finden	estar patas arriba	durcheinander sein
enero	Jänner	estar seguro/a	sicher sein
enfadar(se)	(sich) ärgern	estar sentado/a	sitzen
enfermo/a	krank	este, esta	diese(r, s) hier
engordar	dick werden	estómago	Magen
enorme	enorm; gewaltig	estrella	Stern
enrollar	zusammenrollen	estructura	Struktur
ensalada	Salat	estudiar	lernen; studieren
enseguida	sofort	estupendo/a	wunderbar; super!
enseñar	zeigen	euro	Euro
entender <e → ie>	verstehen	evidente	offensichtlich
enterarse	mitbekommen; kapieren	evitar	vermeiden
		exacto/a	genau
entero/a	ganz	exageración f.	Übertreibung
entonces	dann	exagerar	übertreiben

examen m.	Prüfung	fuente f.	Quelle
excelente	hervorragend	fuera	außerhalb
excepción f.	Ausnahme	fuerte	fest; stark
exceso	Übermaß; Überschuss	fumar	rauchen
excursión f.	Ausflug	furioso/a	wütend
exigente	fordernd	futbolista m. + f.	Fußballspieler(in)
exigir	fordern	futuro	Zukunft
éxito	Erfolg	gafas de sol	Sonnenbrille
exótico/a	exotisch	gafas f./Mz.	Brille
expansivo/a	ausdehnbar	gallina	Huhn
explicar	erklären	ganso	Gans
explicarse	sich deutlich ausdrücken	garganta	Kehle
		gastar	ausgeben
exposición f.	Ausstellung	gastronomía	Gastronomie
expresión f.	Ausdruck	gato; gatito	Katze; Kätzchen
extraer	herausnehmen	géminis m.	Zwilling (Sternz.)
extranjero	Ausland	general m.	General
extranjero/a	fremd	genial	genial; toll
extrañar	befremden	Génova	Genua
extrañar(se)(de)	erstaunen; sich wundern (über)	gente f.	Leute
		gimnasio	Fitnesscenter
extraño/a	ungewöhnlich; sonderbar	gordo/a	dick
		gota	Tropfen
extravagante	außergewöhnlich	gracias	danke
fácil	einfach; leicht	gramática	Grammatik
facturar (las maletas)	(die Koffer) einchecken	grande	groß
falso/a	falsch	grasa	Fett
faltar	fehlen	gripe f.	Grippe
familia	Familie	gritar	schreien
famoso/a	berühmt	guapo/a	hübsch
fantástico/a	fantastisch	guardia m.	Wache; Polizist
farmacia	Apotheke	guerra	Krieg
fastidiar(se)	stören; sich ärgern	guerra civil	Bürgerkrieg
favorable	günstig; positiv	guía m. + f.	Reiseführer; -leiter/in
febrero	Februar	gustar	gefallen; mögen; schmecken
fecha	Datum		
fecha de caducidad	Ablaufdatum	haber (hay)	geben (es gibt)
feliz	glücklich	habilidad f.	Geschicklichkeit
feo/a	hässlich	habitación f.	Zimmer
fiel	treu	habitante m. + f.	Einwohner(in)
fiesta	Fest	hablar	sprechen
fiesta de despedida	Abschiedsfest	hablar por teléfono	telefonieren
fin m. de semana	Wochenende	hace + Zeitraum	vor
fingir <g → j>	vortäuschen; heucheln	hacer	machen, tun
fino/a	fein	hacer cola	Schlange stehen
firmar	unterschreiben	hacer buen tiempo	schön sein
físico/a	körperlich		(bzgl. Wetter)
flamenco	Flamenco (andalusischer Tanz)	hacer calor	warm/heiß sein
		hacer compras	Einkäufe machen
flirtear	flirten	hacer falta	notwendig sein
flor f.	Blume	hacer frío	kalt sein
florero	Vase	hacer las maletas	Koffer packen
formar	bilden	hacer sol	Sonne scheinen
foto f.	Foto	me hace mucha ilusión	ich freue mich sehr auf
francés/a	französisch; Franzose, Französin	hambre f. (aber: el hambre)	Hunger
frase f.	Satz	hamburguesa	Hamburger
fregar <e → ie>	abwaschen	hasta	bis
freír <e → i>	braten	hasta luego	bis später!
fresco/a	kühl; frisch	helado	Eis
frío	Kälte	hermana	Schwester
fruta	Frucht; Obst	hermano	Bruder
fuegos artificiales	Feuerwerk	hermoso/a	schön

héroe m.	Held	*ir de vacaciones*	auf Urlaub fahren
higiene f.	Hygiene	*ir en avión*	fliegen
hija	Tochter	*irse*	weg-, fortgehen
hijo	Sohn	*isla*	Insel
hispanohablante	Spanisch sprechend	*Italia*	Italien
historia	Geschichte	*jabón m.*	Seife
hoja	Blatt	*jardín m.*	Garten
hola	hallo	*jersey m.*	Pullover
hombre m.	Mann; Mensch	*joven (m. + f.)*	jung; junger Mann,
hombro	Schulter		junge Frau
hora	Stunde	*jóvenes*	junge Leute
hormiguero	Ameisenhaufen	*jueves m.*	Donnerstag
horror m.	Entsetzen	*jugar <u → ue>*	spielen
horroroso/a	schrecklich	*jugar a las cartas*	Karten spielen
hotel m.	Hotel	*jugar al fútbol*	Fußball spielen
hoy	heute	*jugar al tenis*	Tennis spielen
huella	Spur	*jugar al voleibol*	Volleyball spielen
hueso	Knochen; Kern	*jugo*	Saft
huevo	Ei	*juguete m. favorito*	Lieblingsspielzeug
huir	fliehen; entkommen	*julio*	Juli
idea	Idee	*junio*	Juni
idioma m.	Sprache	*juntar*	schließen; verbinden
igual	gleich	*kilo*	Kilogramm
ilusión f.	Freude	*la*	die
imaginar	vorstellen	*labios*	Lippen
imperio	Reich	*labor f.*	Arbeit
importante	wichtig	*ladrón m.*	Dieb
importar	wichtig sein	*lago*	See
imposible	unmöglich	*lamentar*	bedauern
imprescindible	unumgänglich,	*lanzarse*	sich stürzen
	unerlässlich	*lapicero**	Kugelschreiber
impresión f.	Eindruck	*largo/a*	lang
impresionante	beeindruckend	*Latinoamérica*	Lateinamerika
improbable	unwahrscheinlich	*latinoamericano/a*	lateinamerikanisch;
incluso	sogar		Lateinamerikaner(in)
India	Indien	*lavadora*	Waschmaschine
indígena (m. + f.)	einheimisch; Indio,	*lavar(se)*	(sich) waschen
	Indiofrau	*leche f.*	Milch
indigestión f.	Magenverstimmung	*lechuga*	Kopfsalat
inesperado/a	unerwartet	*leer*	lesen
información f.	Information	*lejos*	weit (entfernt)
informarse	sich informieren	*lengua*	Sprache; Zunge
informe m.	Bericht	*leo*	Löwe (Sternz.)
infusión de manzanilla	Kamillentee	*levantarse*	aufstehen
inglés/a	englisch; Engländer(in)	*levantarse con el pie izquierdo*	mit dem linken Fuß zuerst aufstehen
ingrediente m.	Zutat	*libra*	Waage (Sternz.)
inmediatamente	sofort	*libre*	frei
inocente	unschuldig	*librería*	Buchhandlung
instrucciones f./Mz.	Anweisungen	*libro*	Buch
instrumento	Instrument	*limón m.*	Zitrone
inteligente	klug; intelligent	*limpiar*	putzen
intenso/a	intensiv	*limpieza*	Sauberkeit
intentar	versuchen	*lindo/a**	hübsch; schön
interés m.	Interesse	*linterna*	Taschenlampe
interesante	interessant	*listo/a*	fertig; klug
interesar	interessieren	*llamada*	Anruf
investigación f.	Nachforschung, Ermittlung	*llamar a alguien*	jemanden anrufen
		llamar la atención	auffallen
invierno	Winter	*llamarse*	heißen
inyección f.	Injektion	*llegar*	ankommen
ir	gehen; fahren	*lleno/a*	voll
ir a	gehen/fahren zu/nach	*llevar*	tragen; bringen
ir de compras	einkaufen gehen		

llevarse bien/mal con	gut/schlecht auskommen mit	*mercado*	Markt
llorar	weinen	*mes m.*	Monat
llover <o → ue>	regnen	*meter*	(hinein)stecken; (hinein)legen
lluvia	Regen		
lo	ihn; es	*meter la pata*	ins Fettnäpfchen treten
lo que	(das,) was		
lobo	Wolf	*meter un gol*	ein Tor schießen
local	örtlich	*metro*	U-Bahn
loco/a	verrückt	*mexicano/a*	mexikanisch;
lógico/a	logisch	(auch: *mejicano/a*)	Mexikaner(in)
los sábados	samstags	*México* (auch: *Méjico*)	Mexiko
luego	dann	*mezclar*	mischen
lugar	Ort; Platz	*mi*	mein(e)
luna	Mond	*miedo*	Angst
lunes m.	Montag	*miel f.*	Honig
luz f.	Licht	*mientras*	während; solange; vorausgesetzt, dass
machacar	zerstampfen		
madre f.	Mutter	*mientras tanto*	inzwischen
maestro	Meister	*miércoles m.*	Mittwoch
mahonesa	Majonäse	*mil*	tausend
majestuoso/a	majestätisch	*millón m.*	Million
maleta	Koffer	*mina*	Bergwerk
malo/a	schlecht	*minifalda*	Minirock
mamá	Mama	*minuto*	Minute
mandar	befehlen; schicken	*mirar*	(an)schauen; beobachten
manera	Art; Weise		
mano f.	Hand	*mismo/a*	der/die/das Gleiche; dasselbe
mantener	halten; aufrechterhalten		
		mitad f.	Hälfte
mañana	morgen; Morgen	*mochila*	Rucksack
mapa m.	Landkarte; Plan	*moda*	Mode
mar m.	Meer	*moderación f.*	Mäßigung
maravilloso/a	wunderbar	*moderno/a*	modern
marcar	markieren	*mojarse*	sich nass machen
mariachi, mariachis*	folkloristische Musikgruppe in Mexiko	*molestar*	stören
		momento	Augenblick
marido	Ehemann	*monedero*	Geldbörse
martes m.	Dienstag	*mono*	Affe
marzo	März	*montaña*	Berg; Gebirge
más	mehr	*montar en bicicleta*	Rad fahren
más o menos	mehr oder weniger	*monumento*	Denkmal
matador m.	Matador (Stierkämpfer)	*morder <o → ue>*	beißen
		morir <o → ue>	sterben
material m.	Material	*mosquito*	Mücke
matiz m.	Nuance	*mover(se) <o → ue>*	(sich) bewegen
mayo	Mai	*móvil m.*	Handy
mayor	größer; älter	*muchacha*	Mädchen
mayoría	Mehrheit	*mucho/a*	viel
mazapán m.	Marzipan	*muerto m.*	Toter; Verstorbener
media naranja	bessere Hälfte	*muerto/a*	tot
medicina	Medizin	*mujer f.*	Frau
médico	Arzt	*mundo*	Welt
medio/a	halb	*muñeca*	Handgelenk, Puppe
mejor	besser	*museo*	Museum
mejorarse	sich bessern	*música*	Musik
melocotón m.	Pfirsich	*muy*	sehr
mencionar	erwähnen	*nacer <-zc->*	geboren werden
menor m. + f. (de edad)	Jugendliche(r)	*nacional*	national
		nada	nichts
menos mal	Gott sei Dank!	*nadar*	schwimmen
mensaje m. (electrónico)	Nachricht; Botschaft; (E-Mail)	*nadie*	niemand
		nalgas Mz.	Gesäß
		nariz f.	Nase

nata	Sahne	*otoño*	Herbst
naturaleza	Natur	*otro/a*	ein anderer, eine andere; noch eine(r, s)
náuseas Mz.	Übelkeit		
navegación f.	Seefahrt	*ovejita*	Schäfchen
navegar en Internet	im Internet surfen	*padecer <-zc->*	leiden (unter)
Navidad f.	Weihnachten	*padre m.*	Vater
necesario/a	notwendig	*padres m. Mz.*	Eltern
necesitar	brauchen	*pagar*	zahlen
negar <e → ie>	verneinen; leugnen	*página*	Seite
negativo/a	negativ	*país m.*	Land
negro/a	schwarz	*palabra*	Wort
nervioso/a	nervös	*palacio*	Schloss
nevado/a	verschneit	*pálido/a*	blass
nevera	Kühlschrank	*palillo*	Zahnstocher
ninguno/a	keine(r, s)	*palma*	Handfläche
niño	Kind; Junge	*paloma*	Taube
nivel m.	Niveau	*pan m.*	Brot
no	nein; nicht	*papa**	Kartoffel
no – ni	weder – noch	*paquete m.*	Paket
no tener pelo de tonto	kein bisschen blöd sein	*para* (+ Infinitiv)	für, nach; (um ... zu)
		para que	damit
no tener pelos en la lengua	kein Blatt vor den Mund nehmen	*parada*	Haltestelle
		paradero	Aufenthaltsort
Nochevieja	Silvester	*parecer <-zc->*	aussehen; scheinen
nombrar	(be)nennen	*pareja*	Paar
nombre m.	Name	*pariente m. + f.*	Verwandte(r)
normal	normal	*parque m.*	Park
normalmente	normalerweise	*partir*	teilen; halbieren
norte m.	Norden	*pasado mañana*	übermorgen
nosotros/as	wir	*pasado/a*	vergangen
notar	(be)merken; spüren	*pasajero*	Passagier, Reisender, Fahrgast
noticia	Nachricht		
novela policíaca	Kriminalroman	*pasar*	vorbeigehen, -fahren; passieren; verbringen; etwas reichen
novia	Freundin; Braut		
noviembre m.	November		
nueve	neun	*pasar la aspiradora*	Staub saugen
nuevo/a	neu	*pasar las vacaciones*	Ferien verbringen
nunca	nie	*pasillo*	Gang
o	oder	*paso*	Schritt
obligatorio/a	verpflichtend	*pata*	Pfote
obra de teatro	Theaterstück	*patata*	Kartoffel
observador/a	Beobachter(in)	*pato*	Ente
observar	beobachten	*pausa*	Pause
occidental	westlich	*pecho*	Brust
octubre m.	Oktober	*pechuga de pollo*	Hähnchenbrust
ocupado/a	besetzt	*pedir <e → i>*	bitten; verlangen; bestellen
odiar	hassen		
oficina	Büro	*peinarse*	sich kämmen
oído	Gehör	*pelar*	schälen
oír	hören	*pelear*	kämpfen
ojalá	hoffentlich	*película*	Film
ojo	Auge; Vorsicht!	*peligroso/a*	gefährlich
oler (huele)	riechen (es riecht)	*pelo*	Haar; Fell
olvidar	vergessen	*peluche m.*	Plüsch
once	elf	*pendiente m.*	Ohrring
opinar	meinen	*península*	Halbinsel
opinión f.	Meinung	*pensar <e → ie> (en)*	denken (an)
ordenador m.	Computer	*pensión f.*	Pension
oreja	Ohr	*peor*	schlechter
organizar	organisieren	*pequeño/a*	klein
oro	Gold	*percibir*	wahrnehmen
oscuridad	Dunkelheit	*perder <e → ie>*	verlieren
oscuro/a	dunkel	*perder la cabeza*	den Kopf verlieren

perfectamente	perfekt	por encima de	über
periódico	Zeitung	por favor	bitte
período	Zeitraum	por fin	endlich
permitir	erlauben	por la mañana	morgens
pero	aber	por la noche	nachts
perrito	Hündchen	por la tarde	nachmittags, abends
perro	Hund	por primera vez	zum ersten Mal
persa	persisch; Perser(in)	por qué	warum?
perseguir <e → i>	verfolgen	por último	schließlich
persona	Person	porque	weil
personal	persönlich	posibilidad f.	Möglichkeit
perspectiva	Perspektive; Aussicht	posible	möglich
pesado/a	schwer; lästig; mühsam	posición f.	Position
		postal f.	Postkarte
pesar	wiegen	práctica	Praxis; Übung
pescado	Fisch	practicar	üben
peso*	Peso	práctico/a	praktisch
picante	scharf	precio	Preis
picar	zerkleinern	precipitadamente	überstürzt
picnic m.	Picknick	preferir <e → ie>	vorziehen
pie m.	Fuß	pregunta	Frage
piedra	Stein	preguntar	fragen
piel f.	Haut	prenda	Kleidungsstück
pierna	Bein	preocupar(se)	beunruhigen; sich Sorgen machen
piloto	Pilot		
pimienta	Pfeffer	preparar	vorbereiten
pinchar	(durch)stechen	preposición f.	Vorwort
pintar	malen	presencia	Anwesenheit
pintor m.	Maler	presentar	vorstellen
pintura	Malerei	presionar	drücken
pirámide f.	Pyramide	prestar	(aus)leihen, borgen
piscina	Schwimmbad	prestar atención	Aufmerksamkeit schenken
piscis m.	Fisch (Sternz.)		
pista	Spur	prima	Cousine
pizzería	Pizzeria	primavera	Frühling
planear	planen	primero	zuerst
planeta m.	Planet	primero/a	erste(r, s)
plata*	Silber; in Mexiko auch: Geld	princesa	Prinzessin
		príncipe m.	Prinz
plátano	Banane	privado/a	privat
plato	Teller; Gericht	privilegio	Privileg
playa	Strand	probable	wahrscheinlich
plaza	Platz	probar <o → ue>	beweisen; kosten; (aus)probieren
plazo	Frist		
poblado/a	bevölkert	problema m.	Problem
pobre	arm	producir <-zc->	herstellen; hervrrufen
pobre m. + f. (pobrecito/a)	Arme(r)	profesión f.	Beruf
		profesor m.	Lehrer; Professor
poco/a	wenig	profundo/a	tief
poder <o → ue>	können	programa m.	Programm
policía	Polizei	prohibir	verbieten
política	Politik	prometer	versprechen
pollo	Hähnchen	pronombre m.	Fürwort
poncho	Poncho	pronto	bald
poner	stellen; legen; geben	propio/a	eigene(r, s); eigentlich
poner la mesa	den Tisch decken	proponer	vorschlagen
poner la tele	den Fernseher einschalten	proteger <g → j>	(be)schützen
		próximo/a	nächste(r, s); nahe gelegen
ponerse + adj.	werden		
ponerse en contacto con alguien	sich mit jemandem in Verbindung setzen	pueblo	Dorf; Volk
		puerta	Tür
por	durch; über, für, aus	puerto	Hafen
por ejemplo	zum Beispiel	pues	also; dann

puesto de trabajo	Arbeitsplatz	revisar	überprüfen
pulpa	Fruchtfleisch	revista	Zeitschrift
pulular	wimmeln	revolución f.	Revolution
punto cardinal	Himmelsrichtung	revolucionario/a	revolutionär
puño	Faust	rey m.	König
que	der, die, das; dass; als	rico/a	reich; köstlich
qué	was? welche(r, s)?	ridículo/a	lächerlich
que aproveche	guten Appetit!	riesgo	Risiko
qué horror	wie entsetzlich!	rima	Reim
qué tal	wie geht's?	robar	stehlen
quedar	bleiben; verabreden	rociar	übergießen
querer <e → ie>	wollen; mögen; lieben	rodaja	Scheibe
querido/a	liebe/r	rodeado/a	umgeben
queso	Käse	rodilla	Knie
quien	der, die, das; welche(r, s)	romper	(zer)brechen; kaputt-machen; reißen
quién, quiénes	wer?	ropa	Kleidung
quitar(se)	entfernen; ausziehen	rosa	Rose
quizá(s)	vielleicht	ruido	Lärm
rápidamente	schnell	ruina	Ruine
raro/a	seltsam; komisch	sábado	Samstag
ratón m.	Maus	saber	wissen; können; erfahren
ratonera	Mausefalle		
raya	Scheitel; Streifen	saber algo al dedillo	etwas aus dem Effeff können
rayo	Blitz		
rayo de sol	Sonnenstrahl	sabio/a	weise
razón f.	Vernunft; Grund	sabor m.	Geschmack
realidad f.	Wirklichkeit	sacar	herausziehen, -nehmen
realmente	wirklich		
recepcionista m. + f.	Rezeptionist(in)	sacar (del fuego)	(vom Feuer) nehmen
receta	Rezept	sacar fotos	Fotos machen
recibir	bekommen	sacarle de quicio a alguien	jem. auf die Palme/ zur Weißglut bringen
recoger <g → j>	abholen		
recomendar <e → ie>	empfehlen	saco de dormir	Schlafsack
reconocer <-zc->	erkennen	sagitario	Schütze (Sternz.)
recordar <o → ue>	(sich) erinnern (an)	sal f.	Salz
recuerdo	Souvenir	sala	Salon; Saal
redondo/a	rund	salida	Ausgang; Start
reducir <-zc->	verkleinern; senken	salir	aus-, weggehen; verlassen; starten; abfahren
reencuentro	Wiedersehen		
regalar	schenken		
regalo	Geschenk	salón m.	Wohnzimmer
región f.	Gegend	salsa	Salsa (lateinamerikani-scher Tanz); Soße
regla	Regel		
reina	Königin	saludar	(be)grüßen
reinar	herrschen	saludo	Gruß
reino	Königreich	salvaje	wild
reír(se) c (de)	lachen (über)	sano/a	gesund
relajar(se)	(sich) entspannen	sapo	Frosch; Kröte
rellenar	füllen	sartén f.	Pfanne
remover <o → ue>	umrühren; entfernen	se me hace la boca agua	das Wasser läuft mir im Mund zusammen
repasar	wiederholen		
repelente m.	Insektenschutzmittel	sector m.	Sektor
repetir <e → i>	wiederholen	secuestro	Entführung
representación f.	Aufführung	seguir <e → i>	folgen; verfolgen
resfriarse	sich erkälten	Segunda Guerra Mundial	Zweiter Weltkrieg
respiración f.	Atmung; Atem		
responder	antworten	segundo	Sekunde
responsable	verantwortlich	segundo/a	zweite(r, s)
restablecer <-zc->	wiederherstellen	seguro/a	sicher
restaurante m.	Restaurant	seis	sechs
resultar	sein; sich erweisen	selva	Urwald
reunirse	sich treffen	semana	Woche

Semana Santa	Karwoche	sucio/a	schmutzig
sencillo/a	einfach	suelo	(Fuß-)Boden
sentarse <e → ie>	sich setzen	suerte f.	Glück
sentimiento	Gefühl	suéter m.	Pullover
sentir(se) <e → ie>	fühlen; bedauern, Leid tun	sufrir de	leiden an
		superlujoso/a	sehr luxuriös
señor m.	Herr	supermercado	Supermarkt
señora	Frau	supuesto/a	mutmaßlich; angeblich
señorita	Fräulein	sur m.	Süden
septiembre m.	September	tabaco	Tabak
ser	sein	taco*	Taco (mexikanische Speise)
ser un buen partido	eine gute Partie sein		
ser caradura	ein unverschämter Mensch sein	tal	so, so genannt
		tal vez	vielleicht
ser todo oídos	ganz Ohr sein	también	auch
ser un cero a la izquierda	eine Null sein	tan	so
		tan – como	so – wie
ser un encanto	zauberhaft sein	tango	Tango (argentinischer Tanz)
ser un hueso	ein knochenharter Mensch sein		
		tanto/a	so viel
ser un plomo	sehr lästig sein	tapas f./Mz.	Tapas, (Appetithappen; Snack)
ser una pena	schade sein		
ser verdad	wahr sein	tardar	brauchen
servir <e → i>	(be)dienen; servieren	tarde	spät
shamán m.	Schamane	tarde f.	Nachmittag, Abend
si	ob	tarea	Hausübung
sí	ja	tarta	Torte
siempre	immer	tasa de adrenalina	Adrenalinspiegel
siesta	Mittagsschlaf	tauro	Stier (Sternz.)
siete	sieben	taxi m.	Taxi
siglo	Jahrhundert	teatro	Theater
siguiente	folgende(r, s)	tela de araña	Spinnennetz
similar	ähnlich	teléfono	Telefon
simpático/a	sympathisch	televisión (tele) f.	Fernsehen
sin	ohne	televisor m.	Fernseher
sin embargo	trotzdem	temer	fürchten
sinfonía	Symphonie	temperatura	Temperatur
sino	sondern	templo	Tempel
sitio	Platz	temporada	Saison
situación f.	Situation	temprano/a	früh
situado/a	gelegen	tener	haben
sobre	auf; über	tener frío	frieren, frösteln
sobre todo	vor allem	tener que + Inf.	müssen
social	gesellschaftlich; sozial	tener razón	Recht haben
		tequila m.	Tequila (Agavenschnaps)
socorro	Hilfe!		
sol m.	Sonne	terminar	beenden; abschließen
solamente	nur	terrible	schrecklich
soler <o → ue> + Inf.	für gewöhnlich/ immer etwas tun	tesoro	Schatz
		testigo	Zeuge
sólo	nur	tiempo	Zeit; Wetter
solo/a	alleine	tienda	Geschäft; Laden
soltero/a	ledig; Junggeselle, -in	tierra	Erde
solucionar	lösen	tímido/a	schüchtern
sombrero	Hut	tinto*	Espresso
sonar <o → ue>	läuten	tinto	Rotwein
soñar <o → ue> (con)	träumen (von)	típico/a	typisch
sopa de letras	Buchstabensalat	tipo	Typ
sorprender	überraschen	toalla	Handtuch
su	seine(r, s)	tobillo	Knöchel
suave	sanft	tocar	berühren; (ein Instrument) spielen
subir	(ein-, hinauf-)steigen; hochgehen		
		tocarle a alguien	dran sein

tocarle a alguien la lotería	in der Lotterie gewinnen
todavía	noch
todo/a	ganz
todos/as	alle
tomar	nehmen
tomar el sol	sich sonnen
tomar una copa	ein Glas trinken
tomarle el pelo a alguien	jem. auf den Arm nehmen, hänseln
tomate m.	Tomate
toros Mz.	Stierkampf
tortilla (española de patatas)	Tortilla (spanisches Kartoffelomelett)
tortilla* (mexicana de maíz)	Maisfladen
tos f.	Husten
tostada	Toast
toxiinfección f. alimentaria	Lebensmittelvergiftung
trabajador/a	fleißig
trabajar	arbeiten
trabajo	Arbeit
trabalenguas m.	Zungenbrecher
traducir <-zc->	übersetzen
traer	bringen
tráfico	Verkehr
trago (traguito)	Schluck
traje m.	Anzug
tranquilizarse	sich beruhigen
tranquilo/a	ruhig
transporte m. público	öffentliches Verkehrsmittel
tras	nach
tratarse (de)	sich handeln (um)
treinta	dreißig
tren m.	Zug
tres	drei
triste	traurig
trocear	zerkleinern
trozo	Stück
truco	Trick
tu	dein(e)
tú	du
turista m. + f.	Tourist(in)
último/a	letzte(r, s)
un, una	ein(e)
universidad f.	Universität
uno/a	eins
unos, unas	einige; ein paar
urbe f.	Großstadt
usar	benutzen; verwenden
usted, ustedes	Sie
utilizar	benutzen, gebrauchen
vacaciones f./Mz.	Urlaub; Ferien
vacuna	Impfung
vago/a	faul
valle m.	Tal
valor m.	Mut
vamos a ver	mal sehen!
variado/a	abwechslungsreich
vaso	Glas
vecina	Nachbarin
vencer <c → z>	siegen
vender	verkaufen
venir	kommen
venir como anillo al dedo	wie gerufen kommen
ventana, ventanilla	Fenster
ver	sehen
ver la tele(visión)	fernsehen
verano	Sommer
verdad f.	Wahrheit
verdadero/a	wahr
verdura	Gemüse
vestido	Kleid
vestir(se) <e → i>	tragen; (sich) anziehen
veterinario	Tierarzt
vez f. (Mz. veces)	Mal
viajar	reisen
viaje m.	Reise
vida	Leben
vidente m. + f.	Hellseher(in)
videojuego	Videospiel
viejo/a	alt
Viena	Wien
viento	Wind
viernes m.	Freitag
vino	Wein
virgo	Jungfrau (Sternz.)
visión f.	Sicht; Vision
visitar	besuchen
vistas al mar	Meerblick
vivir	leben; wohnen; erleben
volcán m.	Vulkan
volver <o → ue>	zurückkommen
volver a + Inf.	noch einmal tun
volverse	sich umdrehen
vomitar	erbrechen; sich übergeben
vómito	Erbrechen
vosotros/as	ihr
voz f.	Stimme
vuelo	Flug
vuestro/a	euer, eu(e)re(s)
y	und
ya	schon
yo	ich
zanahoria	Karotte
zapato	Schuh
zona de tiendas	Shoppingbereich
zoo	Zoo
zorro; zorrito	Fuchs; Füchslein

Mit * gekennzeichnete Wörter werden v. a. in Mexiko bzw. in Lateinamerika verwendet.

VOKABELVERZEICHNIS DEUTSCH → SPANISCH

ab	a partir de
Abendessen	cena
Abenteuer	aventura
aber	pero
abholen	recoger <g → j>
Ablaufdatum	fecha de caducidad
ablenken	distraer
Abschiedsfest	fiesta de despedida
Abschlussübung	ejercicio final
abtropfen	escurrir
abwaschen	fregar <e → ie>
abwechselnd	alternativamente
abwechslungsreich	variado/a
ach	ay
Adrenalinspiegel	tasa de adrenalina
Adresse; Richtung	dirección f.
Affe	mono
Ägypten	Egipto
ähnlich	similar
Alibi	coartada
alkoholisch	alcohólico/a
alle	todos/as
alleine	solo/a
Allerseelen	Día m. de los Muertos
alltäglich	cotidiano/a
Alpen	Alpes m./Mz.
als; (immer) wenn; sobald	cuando
also; dann	pues
alt	antiguo/a; viejo/a
Ameisenhaufen	hormiguero
Amerika	América
amerikanisch; Amerikaner(in)	americano/a
amüsieren, sich	divertirse
an der Tagesordnung sein	estar a la orden del día
anderer, andere; noch eine(r, s)	otro/a
ändern	cambiar
Angewohnheit; Brauch, Sitte	costumbre f.
Angst	miedo
ankommen	llegar
Anorak	anorak m.
Anruf	llamada
anrufen	llamar a alguien
anschließend	a continuación
anstatt	en vez de
Anthropologie	antropología
antworten	contestar; responder
Anweisungen	instrucciones f./Mz.
Anwesenheit	presencia
anziehen, sich	vestir(se) <e → i>
Anziehungskraft	atracción f.
Anzug	traje m.
Apotheke	farmacia
April	abril m.
apropos	a propósito
Arbeit	labor f.; trabajo
arbeiten	trabajar
Arbeitsplatz	puesto de trabajo
ärgern (sich)	enfadar(se)
Arm	brazo
arm	pobre
Arme(r)	pobre m. + f. (pobrecito/a)
Aroma	aroma
Art; Weise	manera
Arzt	médico
Aschenbrödel	Cenicienta
Aspirin	aspirina
Astrologie	astrología
Astronomie	astronomía
Atlantik	Atlántico
atmosphärisch	atmosférico/a
Atmung; Atem	respiración f.
auch	también
auf Besuch sein	estar de visita
auf Urlaub fahren	ir de vacaciones
auf!	arriba
auf; über	sobre
Aufenthaltsort	paradero
auffallen	llamar la atención
Aufführung	representación f.
aufhören zu	dejar (de) + Inf.
aufmerksam; mit freundlichen Grüßen	atentamente
Aufmerksamkeit	atención f.
Aufmerksamkeit schenken	prestar atención
aufräumen	arreglar
aufrecht	erguido/a
aufsaugen	empaparse
aufstehen	levantarse
aufsuchen	acudir
aufwachen	despertarse <e → ie>
aufzählen	enumerar
Auge; Vorsicht!	ojo
Augenblick	momento
August	agosto
aus-, weggehen; verlassen; starten; abfahren	salir
ausdehnbar	expansivo/a
Ausdruck	expresión f.
Ausflug	excursión f.
Ausgang; Start	salida
ausgeben	gastar
aushalten; anhalten	aguantar
Ausland	extranjero
ausleihen, borgen	prestar
ausmachen, abschalten	apagar
Ausnahme	excepción f.
ausruhen	descansar
aussehen; scheinen	parecer <-zc->
außerdem	además
außergewöhnlich	extravagante
außerhalb	fuera
Ausstellung	exposición f.

auswendig lernen	aprender de memoria
Auto	carro*; coche m.
Autobus	autobús m.; camión* m.
Avocado	aguacate m.
aztekisch; Azteke(in)	azteca
Bad	baño
baden, sich	bañarse
Bahnhof	estación (de trenes) f.
balancieren; schaukeln	balancear
bald	pronto
Banane	banana*; plátano
Bank	banco
Banker	banquero
Bart	barba
bauen	construir
bedauern	lamentar
bedecken	cubrir
beeindruckend	impresionante
beenden; abschließen	terminar
befehlen; schicken	mandar
befremden	extrañar
begehen; verüben	cometer
beginnen zu + Inf.	echarse a + inf.
beginnen; anfangen	empezar <e → ie>
begleiten	acompañar
begreifen; kapieren	enterarse
Begrüßungscocktail	cóctel m. de bienvenida
Bein	pierna
Beispiel	ejemplo
beißen	morder <o → ue>
bekannt	conocido/a
bekommen	recibir
bemerken; spüren	notar
benutzen, verwenden	utilizar; usar
beobachten	observar
Beobachter/in	observador/a
bequem	cómodo/a
Berg; Gebirge	montaña
Bergwerk	mina
Bericht	informe m.
Beruf	profesión f.
beruhigen	calmar
beruhigen, sich	tranquilizarse
berühmt	famoso/a
berühren; (ein Instrument) spielen	tocar
beschreiben	describir
beschützen, schützen	proteger <g → j>
besetzt	ocupado/a
besonders	especialmente
besprechen; erläutern, erzählen	comentar
besser	mejor
bessere Hälfte	media naranja
bessern, sich	mejorarse
bestimmen	determinar
besuchen	visitar
betreten	entrar
betreuen	cuidar
Bett	cama
beugen	doblar
beunruhigen; sich Sorgen machen	preocupar(se)
bevölkert	poblado/a
bewegen (sich)	mover(se) <o → ue>
beweisen; kosten; (aus)probieren	probar <o → ue>
bewiesen sein	estar demostrado
bezweifeln, misstrauen	desconfiar
Bier	cerveza
bilden	formar
billig	barato/a
bis	hasta
bis später	hasta luego
bitte	por favor
bitten; verlangen; bestellen	pedir <e → i>
blass	pálido/a
Blatt	hoja
blau	azul
bleiben; verabreden	quedar
Blitz	rayo
Blume	flor f.
borgen; lassen	dejar
braten	freír <e → i>
brauchen	necesitar; tardar
Brief	carta
Brieftasche	cartera
Brille	gafas f./Mz.
bringen	traer
Brot	pan m.
Bruder	hermano
Brust	pecho
Buch	libro
Buchhandlung	librería
Buchstabensalat	sopa de letras
büffeln	empollar
Bürgerkrieg	guerra civil
Büro	oficina
Caesar	César
Café	cafetería
Campingausrüstung	equipo de camping
Campingplatz	camping m.
Champagner	champán m.
Chili	chile m.
chinesisch; Chinese, -in	chino/a
Columbus	Colón
Computer	computadora*; ordenador m.
Cousine	prima
Creme	crema
Curry (Gewürz)	curry m.
damit	para que
danke	gracias
dann; danach	después (de); entonces; luego
Datum	fecha
dein(e)	tu
denken (an)	pensar <e → ie> (en)
Denkmal	monumento
der, die, das; dass; als	que
der, die, das; welche(r, s)	quien

der/die/das Gleiche; dasselbe	mismo/a	empfehlen	recomendar <e → ie>
dessen, deren	cuyo/a	endlich	por fin
Detektiv	detective m.	englisch; Engländer(in)	inglés/a
deutsch; Deutsche(r)	alemán/a	enorm; gewaltig	enorme
Dezember	diciembre m.	entdecken	descubrir
dick	gordo/a	Ente	pato
dick werden	engordar	entfernen; ausziehen	quitar(se)
Dieb	ladrón m.	Entführung	secuestro
dienen; servieren	servir <e → i>	entschuldigen, sich	disculparse
Dienstag	martes m.	Entsetzen	horror m.
diese(r, s)	ese, esa	entspannen, sich	relajar(se)
diese(r, s) hier	este, esta	entsprechen	equivaler
dieses	eso	entwickeln	desarrollar
direkt	directamente	er	él
Diskette	disquete m.	Erbrechen	vómito
Diskothek	discoteca	erbrechen; sich übergeben	vomitar
Doktor	doctor m.	Erde	tierra
Dokument	documento	Erfolg	éxito
Dollar	dólar m.	erhalten; aufrecht-erhalten	mantener
Donnerstag	jueves m.		
Dorf; Volk	pueblo	erinnern (sich an)	recordar <o → ue>
Dornröschen	Bella Durmiente f.	erinnern, sich	acordarse <o → ue>
dort	allí	erkälten, sich	resfriarse
dran sein	tocarle a alguien	erkennen	reconocer <-zc->
drei	tres	erklären	aclarar; declarar; explicar
dreißig	treinta		
drücken	empujar; presionar	erlauben	permitir
du	tú	ermorden; töten	asesinar
dunkel	oscuro/a	Eroberer	conquistador m.
dunkelhaarig	castaño	erobern	conquistar
Dunkelheit	oscuridad f.	erreichen	alcanzar
durch; über, für, aus	por	erscheinen	aparecer
durcheinander sein	estar patas arriba	erschrecken	asustar(se)
Durchfall	diarrea	erstaunen; sich wundern (über)	extrañar(se)(de)
Ehemann	marido		
Ei	huevo	erste(r, s)	primero/a
eigene(r, s); eigentlich	propio/a	erwähnen	mencionar
ein(e)	un, una	es war einmal	érase una vez
einchecken (die Koffer)	facturar (las maletas)	Espresso	café m. solo; tinto*
Eindruck	impresión f.	essen	comer
einfach; leicht	sencillo/a, fácil	Essen	comida
eingeschlossen	enclavado/a	etwas	algo
einheimisch; Indio, Indiofrau	indígena (m. + f.)	etwas aus dem Effeff können	estar empollado de algo; saber algo al dedillo
einige; ein paar	unos, unas		
Einkäufe machen	hacer compras	euer, eure(s)	vuestro/a
einkaufen gehen	ir de compras	Euro	euro
einquartieren, sich	alojarse	exotisch	exótico/a
eins	uno/a	fahren; lenken	conducir <-zc->
einschalten (den Fernseher)	poner la tele	Fahrrad	bicicleta (bici)
		Fahrschein	boleto*, billete
einstellen; engagieren	contratar	Fall	caso
einverstanden	de acuerdo	fallen; stürzen	caer
Einwohner(in)	habitante m. + f.	falsch	falso/a
Eis	helado	Familie	familia
Elefant	elefante m.	fantastisch	fantástico/a
elegant	elegante	fast	casi
Element	elemento	fasziniert, begeistert sein	estar fascinado/a
elf	once		
Ellbogen	codo	faul	vago/a
Eltern	padres m./Mz.	Faust	puño
E-Mail	e-mail m. (emilio)	Februar	febrero

fehlen	*faltar*	früh	*temprano/a*
Fehler	*error m.*	Frühling	*primavera*
feiern	*celebrar*	Fuchs; Füchslein	*zorro, zorrito*
fein	*fino/a*	fühlen; bedauern,	*sentir(se) <e → ie>*
Fenster	*ventana, ventanilla*	Leid tun	
Ferien verbringen	*pasar las vacaciones*	führen, leiten	*dirigir*
Fernsehen	*televisión (tele) f.*	füllen	*rellenar*
fernsehen	*ver la tele(visión)*	fünf	*cinco*
Fernseher	*televisor m.*	für, nach; (um ... zu)	*para (+ Inf.)*
fertig; klug	*listo/a*	fürchten	*temer*
Fest	*fiesta*	Fürwort	*pronombre m.*
fest; stark	*fuerte*	Fuß	*pie m.*
festnehmen; anhalten	*detener*	Fußball spielen	*jugar al fútbol*
Fett	*grasa*	Fußballspieler(in)	*futbolista m. + f.*
Feuer	*fuego*	Fußboden	*suelo*
Feuerwerk	*fuegos artificiales*	Fußmarsch	*caminata*
Film	*película*	Gang	*pasillo*
finden	*encontrar <o → ue>*	Gans	*ganso*
Finger; Zehe	*dedo*	ganz	*entero/a; todo/a*
Firma	*empresa*	ganz Ohr sein	*ser todo oídos*
Fisch	*pescado*	Garten	*jardín m.*
Fisch (Sternz.)	*piscis m.*	Gastronomie	*gastronomía*
Fitnesscenter	*gimnasio*	Gebäude	*edificio*
Flamenco	*flamenco*	geben	*dar*
(andalusischer Tanz)		geben (es gibt)	*haber (hay)*
Flasche	*botella*	geboren werden	*nacer <-zc->*
Fleisch	*carne f.*	Geburtstag	*cumpleaños m.*
fleißig	*trabajador/a*	Geburtstag feiern	*cumplir años*
fliegen	*ir en avión*	gefährlich	*peligroso/a*
fliehen; entkommen	*huir*	gefallen; begeistern	*encantar*
flirten	*flirtear*	gefallen; mögen;	*gustar*
Flug	*vuelo*	schmecken	
Flughafen	*aeropuerto*	Gefängnis	*cárcel f.*
Flugzeug	*avión m.*	Gefühl	*sentimiento*
folgen; verfolgen	*seguir <e → i>*	gegen	*contra*
folgende(r, s)	*siguiente*	Gegend	*región f.*
fordern	*exigir*	gehen	*caminar*
fordernd	*exigente*	gehen, fahren	*ir (a)*
fortfahren	*continuar*	gehen, zu Fuß	*andar*
Foto	*foto f.*	Gehör	*oído*
Fotoapparat	*cámara (fotográfica o de fotos)*	Geißlein	*cabrito*
		gekocht	*cocido/a*
Fotos machen	*sacar fotos*	Geld	*dinero*
Frage	*cuestión f.; pregunta*	Geldbörse	*monedero*
fragen	*preguntar*	gelegen	*situado/a*
französisch; Franzose,	*francés/a*	Gemälde	*cuadro*
Französin		Gemüse	*verdura*
Frau	*mujer f.; señora*	genau	*exacto/a*
Fräulein	*señorita*	General	*general m.*
frei	*libre*	genial; toll	*genial*
Freitag	*viernes m.*	genießen	*disfrutar de*
fremd	*extranjero/a*	Genua	*Génova*
Freude	*alegría; ilusión f.*	genug!	*basta*
freuen (sich über)	*alegrarse (de)*	genug; im Überfluss	*de sobra*
freuen, sich auf	*hacer mucha ilusión*	Gepäck	*equipaje m.*
Freund(in)	*amigo/a*	gerade getan haben	*acabar (de) + Inf.*
Freundin; Braut	*novia*	Gesäß	*nalgas Mz.*
frieren, frösteln	*tener frío*	Geschäft; Laden	*tienda*
Frist	*plazo*	Geschenk	*regalo*
fröhlich	*alegre*	Geschichte	*historia*
Frosch; Kröte	*sapo*	Geschicklichkeit	*habilidad f.*
Frucht; Obst	*fruta*	geschlossen	*cerrado/a*
Fruchtfleisch	*pulpa*	Geschmack	*sabor m.*

gesellschaftlich; sozial	social	hassen	odiar
Gesicht; Seite	cara	hässlich	feo/a
gestern	ayer	Hauptstadt	capital f.
gesund	sano/a	Haus	casa
Getränk	bebida	Hausaufgabe	deberes m./Mz.; tarea
gewiss, so genannt	tal	Haut	piel f.
Gipfel	cumbre f.	heiraten	casarse
Glas	copa; vaso	heißen	llamarse
glauben	creer	Held	héroe m.
gleich	igual	helfen	ayudar
Gleichgewicht	equilibrio	helfen	echar una mano
gleichzeitig	a la vez; al mismo tiempo	Hellseher(in)	vidente m. + f.
		herausfinden	averiguar
Glück	suerte f.	herausnehmen	extraer
glücklich	feliz	herausziehen, -nehmen	sacar
Gold	oro		
golden	dorado/a	Herbst	otoño
Gott	Dios m.	Herr	señor m.
Gott sei Dank!	menos mal	herrschen	reinar
Grammatik	gramática	herstellen; hervorrufen	producir <-zc->
grausam	cruel	hervorragend	excelente
Grippe	gripe f.	herzlich	cordial
groß	alto/a; grande	heute	hoy
größer; älter	mayor	heute Morgen	esta mañana
Großmutter	abuela	heute Nachmittag/ Abend	esta tarde
Großstadt	urbe f.		
Großvater	abuelo	heute Nacht	esta noche
Gruß	saludo	Hexe	bruja
grüßen, begrüßen	saludar	hier	aquí
Gummistiefel	bota de goma	Hilfe	ayuda
günstig; positiv	favorable	Hilfe!	socorro
gut	bien	Himmel	cielo
gut/schlecht auskommen mit	llevarse bien/mal con	Himmelsrichtung	punto cardinal
		hinaufsteigen; hochgehen; einsteigen	subir
gut; brav	bueno/a		
gute Partie sein	ser un buen partido	hineinpassen	caber
guten Appetit!	que aproveche	hineinstecken; (hinein)legen	meter
Haar; Fell	pelo		
Haare auf den Zähnen haben	no tener pelos en la lengua	hinten, am Ende	al fondo
		hinter	detrás de
haben	tener	hinuntergehen; (ab-, aus)steigen	bajar
Hafen	puerto		
Hähnchen	pollo	hinzufügen	agregar
Hähnchenbrust	pechuga de pollo	hoffentlich	ojalá
halb	medio/a	Höhe	altitud f.
Halbinsel	península	Honig	miel f.
Hälfte	mitad f.	hören	oír
hallo	hola	Hotel	hotel m.
Hals	cuello	hübsch; schön	guapo/a; bonito/a; lindo/a*
halten (für)	considerar		
Haltestelle	parada	Hüfte	cadera
Hamburger	hamburguesa	Huhn	gallina; pollo
Hand	mano f.	Hund; Hündchen	perro; perrito
handeln (sich um)	tratarse (de)	hundert	cien
Handfläche	palma	Hunger	hambre f.
Handgelenk	muñeca	Husten	tos f.
Handlung	acción f.	Hut	sombrero
Handtuch	toalla	Hygiene	higiene f.
Handwerker	artesano	ich	yo
Handy	móvil m.	Idee	idea
hänseln; auf den Arm nehmen	tomar el pelo	ihn; es	lo
		ihr	vosotros/as
hart; anstrengend	duro/a	im Augenblick	de momento

im Freien	al aire libre	Katze; Kätzchen	gato; gatito
im Internet surfen	navegar en Internet	kaufen	comprar
im Laufe des Jahres	a lo largo del año	kaum	apenas
immer	siempre	Kehle	garganta
Impfung	vacuna	keine(r, s)	ninguno/a
in Richtung	en dirección	keineswegs	en absoluto
in, an, auf	en	Kellner(in)	camarero/a
in; innerhalb von	dentro (de)	kennen, kennen lernen	conocer <-zc->
Indien	India	Kilogramm	kilo
Information	información f.	Kind; Junge	niño
informieren, sich	informarse	Kino	cine m.
Injektion	inyección f.	klar	claro/a
ins Fettnäpfchen treten	meter la pata	Kleid	vestido
		Kleidung	ropa
Insektenschutzmittel	repelente m.	Kleidungsstück	prenda
Insel	isla	klein	bajo/a; pequeño/a
Instrument	instrumento	Klimaanlage	aire acondicionado
intensiv	intenso/a	klug; intelligent	inteligente
interessant	interesante	Kneipe; (Steh-)Café; Bar	bar m.
Interesse	interés m.		
interessieren	interesar	Knie	rodilla
inzwischen	mientras tanto	Knöchel	tobillo
irgendein(e)	alguno/a	Knochen; Kern	hueso
irgendein(e, s)	cualquier	knochenhart sein (Mensch)	ser un hueso
ja	sí		
Jagd	caza	Koch	cocinero
jagen	cazar	kochen	cocinar
Jahr	año	Koffer	maleta
Jahreszeit	estación f. del año	Koffer packen	hacer las maletas
Jahrhundert	siglo	Kollege, -in	colega m. + f.
Jänner	enero	kombinieren	combinar
jede(r, s)	cada (uno/a)	kommen	venir
jede(r, s) (beliebige)	cualquiera	Kompass	brújula
jemand	alguien	König	rey m.
jetzt	ahora	Königin	reina
Jugendliche(r)	menor m. + f. (de edad)	Königreich	reino
		konjugieren	conjugar
Juli	julio	können	poder <o → ue>
jung; junger Mann, junge Frau	joven (m. + f.)	Kontakt	contacto
		kontaktieren	ponerse en contacto
Junge	chico	Kontrolle	control m.
junge Leute	jóvenes	Konzert	concierto
Jungfrau (Sternz.)	virgo	Kopf	cabeza
Juni	junio	den Kopf verlieren	perder la cabeza
Kaffee; Café	café m.	Kopfsalat	lechuga
Kaiser	emperador m.	Kopfschmerzen	dolor m. de cabeza
Kakerlak	cucaracha	Körper	cuerpo
kalt sein	hacer frío	körperlich	físico/a
Kälte	frío	kosten	costar <o → ue>
Kamerad(in)	compañero/a; camarada m. + f.	krank	enfermo/a
		kreativ	creativo/a
Kamillentee	infusión de manzanilla	Krebs (Sternz.)	cáncer m.
		Kredit	crédito
kämmen, sich	peinarse	Kreuzung	cruce m.
kämpfen	pelear	Krieg	guerra
Karavelle (Schiffstyp)	carabela	Kriminalroman	novela policíaca
Karotte	zanahoria	kritisieren	criticar
Karten legen	echar las cartas	Küche	cocina
Karten spielen	jugar a las cartas	Kugel	bola
Kartoffel	papa*; patata	Kugelschreiber	bolígrafo; lapicero*
Kartographie	cartografía	kühl; frisch	fresco/a
Karwoche	Semana Santa	Kühlschrank	nevera; frigorífico
Käse	queso	Kultur	cultura
Kasse	caja		

Kunde	cliente m.	Magenverstimmung	indigestión f.
Kurs	curso (cursillo)	Mai	mayo
kurz	corto/a	Maisfladen	tortilla*
Kuss	beso		(mexicana de maíz)
küssen	besar	majestätisch	majestuoso/a
lachen (über)	reír(se) <e → i> (de)	Majonäse	mahonesa
lächerlich	ridículo/a	Mal	vez f. (Mz. veces)
lagern	almacenar	mal sehen!	vamos a ver
Land	campo; país m.	malen	pintar
landen	aterrizar	Maler	pintor m.
Landkarte; Plan	mapa m.	Malerei	pintura
lang	largo/a	Mama	mamá
langsam	despacio	manchmal	a veces
langweilen, sich	aburrir(se)	Mann; Mensch	hombre m.
langweilig	aburrido/a	Märchen; Geschichte	cuento
Lärm	ruido	markieren	marcar
Last	carga	Markt	mercado
lästig sein	ser un plomo	März	marzo
Lateinamerika	Latinoamérica	Marzipan	mazapán m.
lateinamerikanisch;	latinoamericano/a	Mäßigung	moderación f.
Lateinamerikaner(in)		Material	material m.
laufen	correr	Maus	ratón m.
läuten	sonar <o → ue>	Mausefalle	ratonera
Leben	vida	Medizin	medicina
leben; wohnen; erleben	vivir	Meer	mar m.
		Meerblick	vistas al mar
Lebensmittelver- giftung	toxiinfección f. alimentaria	mehr	más
		mehr oder weniger	más o menos
ledig; Junggeselle, -in	soltero/a	Mehrheit	mayoría
legen; (an)ordnen	colocar	mein(e)	mi
Lehrer; Professor	profesor m.	meinen	opinar
Leiche	cadáver m.	Meinung	opinión f.
Leid tun	dar pena	Meister	maestro
leiden (unter)	padecer <-zc->	merken, bemerken	darse cuenta de
leiden an	sufrir de	mexikanisch;	mexicano/a
leider	desgraciadamente	Mexikaner(in)	(auch: mejicano/a)
leiser stellen	bajar el volumen	Mexiko	México (auch: Méjico)
lernen	aprender	mieten	alquilar
lernen; studieren	estudiar	Milch	leche f.
lesen	leer	Million	millón m.
letzte(r, s)	último/a	Mineralwasser	agua mineral
Leute	gente f.	Minirock	minifalda
Licht	luz f.	Minute	minuto
Liebe	amor m.	mischen	mezclar
liebe/r	querido/a	mit	con
lieben	amar	mit dem linken Fuß zuerst aufstehen	levantarse con el pie izquierdo
liebenswürdig	amable		
liebevoll; zärtlich	cariñoso/a	mit mir	conmigo
Lieblingsspielzeug	juguete m. favorito	Mittag essen	almorzar <o → ue>
Lied	canción f.	mittags	al mediodía
Lift	ascensor m.	Mittagsschlaf	siesta
Lippen	labios	Mittwoch	miércoles m.
logisch	lógico/a	Mode	moda
lösen	solucionar	modern	moderno/a
Lotterie gewinnen	tocarle a alguien la lotería	möglich	posible
		Möglichkeit	posibilidad f.
Löwe (Sternz.)	leo	Monat	mes m.
Lust haben zu	apetecer <-zc->	Mond	luna
lustig	divertido/a	Montag	lunes m.
luxuriös	(super)lujoso/a	Mord	asesinato
machen, tun	hacer	morgen; Morgen	mañana
Mädchen	chica; muchacha	morgens	por la mañana
Magen	estómago	Mücke	mosquito

müde	cansado/a	ob	si
müde machen	cansar	oder	o
Müll	basura	offen	abierto/a
Mund	boca	offen; deutlich	abiertamente
Museum	museo	offensichtlich	evidente
Musik	música	öffentliches Verkehrsmittel	transporte m. público
müssen	tener que + Inf.		
Mut	valor m.	öffnen	abrir
mutmaßlich; angeblich	supuesto/a	ohne	sin
Mutter	madre f.	Ohr	oreja
nach	tras	Ohrring	pendiente m.
nach Geschmack	al gusto	Oktober	octubre
Nachbarin	vecina	Öl	aceite m.
Nachforschung, Ermittlung	investigación f.	organisieren	organizar
		Ort; Platz	lugar
Nachmittag, Abend	tarde f.	örtlich	local
nachmittags, abends	por la tarde	österreichisch; Österreicher(in)	austríaco/a
Nachricht	noticia		
Nachricht; Botschaft; (E-Mail)	mensaje m. (electrónico)	Ostersonntag	Domingo de Resurrección
nächste(r, s); nahe gelegen	próximo/a	Paar	pareja
		Paket	paquete m.
nachts	por la noche	Park	parque m.
nahe bei; in der Nähe	cerca (de)	Passagier, Fahrgast	pasajero
nähern, sich	acercarse	passend	adecuado/a
Nahrungsmittel	alimento	Pause	descanso; pausa
Name	nombre m.	Pension	pensión f.
Nase	nariz f.	perfekt	perfectamente
nass machen, sich	mojarse	persisch; Perser(in)	persa
national	nacional	Person	persona
Natur	naturaleza	persönlich	personal
neben	al lado de	Perspektive; Aussicht	perspectiva
negativ	negativo/a	Peso	peso*
nehmen	tomar; coger	Pfanne	sartén f.
nein; nicht	no	Pfeffer	pimienta
nennen, benennen	nombrar	Pfirsich	durazno*; melocotón m.
nerven; auf die Nerven gehen	dar la lata		
		Pfote	pata
nervös	nervioso/a	Picknick	picnic m.
neu	nuevo/a	Pilot	piloto
neugierig	curioso/a	Pizzeria	pizzería
neun	nueve	planen	planear
nichts	nada	Planet	planeta m.
nie	nunca	Platz	plaza; sitio
niederlegen, sich; ins Bett gehen	acostarse <o → ue>	plaudern, schwatzen	charlar
		plötzlich	de pronto; de repente
niemand	nadie	Plüsch	peluche m.
Niveau	nivel m.	Politik	política
noch	todavía	Polizei	policía
noch etwas	algo más	Poncho	poncho
Norden	norte m.	Position	posición f.
nördlich	al norte	Postkarte	postal f.
normal	normal	praktisch	práctico/a
normalerweise	normalmente	Praxis (eines Arztes)	consulta
normalerweise tun	soler <o → ue> + Inf.	Praxis; Übung	práctica
notwendig	necesario/a	Preis	precio
notwendig sein	hacer falta	Prinz	príncipe m.
November	noviembre m.	Prinzessin	princesa
Nuance	matiz m.	privat	privado/a
null	cero	Privileg	privilegio
eine Null sein	ser un cero a la izquierda	Problem	problema m.
		profitieren von; ausnutzen	aprovecharse de
nur	solamente; sólo		

Programm	programa m.	scharf	picante
Prüfung	examen m.	Schatz	tesoro
Pullover	jersey m.; suéter m.	schauen; beobachten; anschauen	mirar
Puppe	muñeca		
putzen	limpiar	Scheibe	rodaja
Pyramide	pirámide f.	Scheitel; Streifen	raya
Quelle	fuente f.	schenken	regalar
Rad fahren	montar en bicicleta	schicken	enviar
Rand	borde m.	schießen (Tor)	meter un gol
raten	aconsejar	schlafen	dormir <o → ue>
Ratschlag	consejo	schlafen wie ein Murmeltier	dormir como un lirón/un tronco
rauchen	fumar		
Rechnung	cuenta	Schlafsack	saco de dormir
Recht haben	tener razón	Schlange stehen	hacer cola
rechts	a la derecha	schlau	astuto/a
Regel	regla	schlau sein	no tener pelo de tonto
Regen	lluvia	schlecht	malo/a
regnen	llover <o → ue>	schlechter	peor
Reich	imperio	schließen	cerrar <e → ie>
reich; köstlich	rico/a	schließen; verbinden	juntar
Reim	rima	schließlich	al final; por último
Reise	viaje m.	Schloss	palacio
Reise machen	emprender un viaje	Schluck	trago (traguito)
Reiseapotheke	botiquín m.	schmerzen	doler <o → ue>
Reiseführer	guía m. + f.	schmutzig	sucio/a
reisen	viajar	Schneewittchen	Blancanieves
Restaurant	restaurante m.	schneiden	cortar
Revolution	revolución f.	schnell	rápidamente
revolutionär	revolucionario/a	Schnurrbart	bigote m.
Rezept	receta	Schokolade	chocolate m.
Rezeptionist(in)	recepcionista m. + f.	schon	ya
richtig	correcto/a	schön	bello/a; hermoso/a
riechen (es riecht)	oler (huele)	schön sein (bzgl. Wetter)	hacer buen tiempo
Ring	anillo		
Risiko	riesgo	Schrank; Kasten	armario
roh	crudo/a	schrecklich	horroroso/a; terrible
Rose	rosa	schreiben	escribir
Rücken	espalda	schreien	gritar
Rucksack	mochila	Schritt	paso
ruhig	tranquilo/a	schüchtern	tímido/a
Ruine	ruina	Schuh	zapato
rund	redondo/a	Schule	colegio; escuela
Sache (kleine Sache)	cosa (cosita*)	Schüler	alumno
Saft	jugo	Schulter	hombro
sagen	decir	Schütze (Sternz.)	sagitario
Sahne	nata	schwarz	negro/a
Saison	temporada	Schweinchen	cerdito
Salat	ensalada	schwer; lästig; mühsam	pesado/a
Salon; Saal	sala		
Salz	sal f.	Schwester	hermana
Samstag	sábado	schwierig	difícil
samstags	los sábados	Schwimmbad	piscina
Sandburg	castillo de arena	schwimmen	nadar
sanft	suave	sechs	seis
satt haben	cansarse de algo	See	lago
Satz	frase f.	Seefahrt	navegación f.
Sauberkeit	limpieza	Seele	alma f. (aber: el alma)
Schach	ajedrez m.	sehen	ver
schade sein	ser una pena	Sehenswürdigkeit; Neugier	curiosidad f.
Schäfchen	ovejita		
schälen	pelar	sehr	muy
Schallplatte	disco	Seife	jabón m.
Schamane	shamán m.	sein	ser

sein; sich befinden	estar
sein; sich erweisen	resultar
seine(r, s)	su
seit	desde; desde hace
Seite	página
Sektor	sector m.
Sekunde	segundo
selbst wenn; wenn auch; obwohl	aunque
seltsam; komisch	raro/a
September	septiembre m.
setzen, sich	sentarse <e → ie>
Shoppingbereich	zona de tiendas
sicher	cierto; seguro/a
sicher sein	estar seguro/a
Sicht; Vision	visión f.
sie	ella; ellos/as
Sie	usted, ustedes
sieben	siete
siegen	vencer <c → z>
Silber; in Mexiko auch: Geld	plata*
Silvester	Nochevieja
singen	cantar
Situation	situación f.
sitzen	estar sentado/a
Skelett	esqueleto
Ski fahren	esquiar
Skorpion (Sternz.)	escorpio
so	tan
so genannt	tal
so – wie	tan – como
so viel	tanto/a
sofort	enseguida; inmediatamente
sofort, gleich	ahora mismo
sogar	incluso
Sohn	hijo
Sommer	verano
sondern	sino
Sonne	sol
Sonne scheinen	hacer sol
sonnen, sich	tomar el sol
Sonnenbrille	gafas de sol
Sonnencreme	crema solar
Sonnenstrahl	rayo de sol
Sonntag	domingo
Sorgfalt; Vorsicht	cuidado
Soße	salsa
Souvenir	recuerdo
Spanien	España
Spanisch sprechend	hispanohablante
spanisch; Spanier(in)	español/a
sparen	ahorrar
spät	tarde
Spaziergang machen	dar un paseo; una vuelta
spektakulär	espectacular
speziell	especial
spielen	jugar <u → ue>
Spinne	araña
Spinnennetz	tela de araña
Sport	deporte m.
Sprache	idioma m.
Sprache; Zunge	lengua
sprechen	hablar
Spur	huella; pista
Stadt	ciudad f.
Start	despegue m.
Staub saugen	pasar la aspiradora
Staubsauger	aspiradora
stechen, durchstechen	pinchar
stehlen	robar
Stein	piedra
Steinbock (Sternz.)	capricornio
stellen; legen; geben	poner
sterben	morir <o → ue>
Stern	estrella
Stewardess	azafata
Stier (Sternz.)	tauro
Stierkampf	toros Mz.
Stierkämpfer	matador m.
Stimme	voz f.
stören	molestar
stören; sich ärgern	fastidiar(se)
Strand	playa
Straße	calle f.
Straßenräuber	bandolero
Streber	empollón m.
streiten; diskutieren	discutir
Struktur	estructura
Stück	trozo
Studium	carrera
Stunde	hora
stürzen, sich	lanzarse
suchen	buscar
Süden	sur m.
Supermarkt	supermercado
sympathisch	simpático/a
Symphonie	sinfonía
Tabak	tabaco
Tag	día m.
Tal	valle m.
Tanz	danza
tanzen	bailar
Tasche	bolso
Taschenlampe	linterna
Tätigkeit; Beschäftigung	actividad f.
Taube	paloma
tausend	mil
Taxi	taxi m.
Teich	estanque m.
teilen; halbieren	partir
teilnehmen (an), helfen	asistir (a)
Telefon	teléfono
telefonieren	hablar por teléfono
Teller; Gericht	plato
Tempel	templo
Temperatur	temperatura
Tennis spielen	jugar al tenis
teuer	caro/a
Teufel	diablo
Theater	teatro
Theaterstück	obra de teatro

Ticket; Fahrschein	*billete m., boleto**	unmöglich	*imposible*
tief	*profundo/a*	unschuldig	*inocente*
Tier	*animal m.*	unternehmen; in	*emprender*
Tierarzt	*veterinario*	Angriff nehmen	
Tisch decken	*poner la mesa*	unterscheiden	*distinguir*
Toast	*tostada*	Unterschied	*diferencia*
Tochter	*hija*	unterschreiben	*firmar*
Tomate	*tomate m.*	unumgänglich,	*imprescindible*
Torte	*tarta*	unerlässlich	
tot	*muerto/a*	unverschämt sein	*ser caradura*
Toter; Verstorbener	*muerto m.*	unwahrscheinlich	*improbable*
Tourist(in)	*turista m. + f.*	Ureinwohner(in)	*aborigen m. + f.*
tragen; bringen	*llevar*	Urlaub; Ferien	*vacaciones f./Mz.*
träumen (von)	*soñar <o → ue> (con)*	Urwald	*selva*
traurig	*triste*	Vase	*florero*
treffen, sich	*reunirse*	Vater	*padre m.*
Trekkingschuh	*bota de trekking*	verabschieden, sich	*despedir(se) <e → i>*
Treppe	*escalera*	verantwortlich	*responsable*
treu	*fiel*	verärgern; auf die	*sacar de quicio*
Trick	*truco*	Palme bringen	
Tricks verraten	*dar unos trucos*	verbieten	*prohibir*
trinken	*beber*	Verbrauch	*consumo*
trinken (ein Glas)	*tomar una copa*	verbrauchen; verzehren	*consumir*
Trinkflasche	*cantimplora*	Verbrechen	*crimen m.*
Tropfen	*gota*	Verbrecher(in)	*delincuente m. + f.*
trotz	*a pesar de*	Vereinigte Staaten	*Estados Unidos*
trotzdem	*sin embargo*	verfolgen	*perseguir <e → i>*
Tür	*puerta*	vergangen	*pasado/a*
Typ	*tipo*	vergessen	*olvidar*
typisch	*típico/a*	vergleichen	*comparar*
U-Bahn	*metro*	verheiratet	*casado/a*
Übelkeit	*náuseas Mz.*	verkaufen	*vender*
üben	*practicar*	Verkehr	*tráfico*
über	*por encima de*	verkleinern; senken	*reducir <-zc->*
übergießen	*rociar*	verlieben, sich	*enamorarse de*
Übermaß; Überschuss	*exceso*	verliebt sein in	*estar enamorado/a de*
übermorgen	*pasado mañana*	verlieren	*perder <e → ie>*
überprüfen	*revisar*	vermeiden	*evitar*
überqueren	*cruzar*	vermissen	*echar de menos*
überraschen	*sorprender*	verneinen; leugnen	*negar <e → ie>*
übersetzen	*traducir <-zc->*	Vernunft; Grund	*razón f.*
überstürzt	*precipitadamente*	verpflichtend	*obligatorio/a*
übertreiben	*exagerar*	verrückt	*loco/a*
Übertreibung	*exageración f.*	verschieden	*diferente*
überzeugen von	*convencer <c → z> de*	verschneit	*nevado/a*
übrige(r, s)	*demás*	verschütten	*derramar*
Übung	*ejercicio*	verschwinden	*desaparecer <-zc->*
um 8 Uhr	*a las ocho*	versprechen	*prometer*
um Punkt	*en punto*	verständlich machen,	*explicarse*
um wie viel Uhr?	*a qué hora*	sich	
umarmen	*abrazar*	verstecken (sich)	*esconder(se)*
Umarmung	*abrazo*	verstehen	*comprender;*
umdrehen, sich	*volverse*		*entender <e → ie>*
umgeben	*rodeado/a*	versuchen	*intentar*
umrühren; entfernen	*remover <o → ue>*	verteidigen	*defender <e → ie>*
Umweltver-	*contaminación f.*	verwandeln, sich	*convertirse <e → ie>*
schmutzung		Verwandte(r)	*pariente m. + f.*
und	*y*	Videokassette	*cinta de vídeo*
unerwartet	*inesperado/a*	Videospiel	*videojuego*
Unfall	*accidente m.*	viel	*mucho/a*
ungewöhnlich;	*extraño/a*	vielleicht	*a lo mejor; quizá(s);*
sonderbar			*tal vez*
Universität	*universidad f.*	vier	*cuatro*

Villa	chalet m.
voll	lleno/a
Volleyball spielen	jugar al voleibol
von – bis	de – a; desde – hasta
von, aus	de
vor	delante de
vor	hace + Zeitraum
vor allem	sobre todo
vor; vorher; früher	antes (de)
vorbeigehen, -fahren; passieren; verbringen; etwas reichen	pasar
vorbereiten	preparar
vorgestern	anteayer
vorschlagen	proponer
vorsichtig; sorgfältig	cuidadoso/a
vorstellen	imaginar; presentar
vortäuschen; heucheln	fingir <g → j>
Vorwort	preposición f.
vorziehen	preferir <e → ie>
Vulkan	volcán m.
Waage (Sternz.)	libra
Wache; Polizist	guardia m.
wählen	elegir <e → i>
wahr	verdadero/a
wahr sein	ser verdad
während	durante
während; solange; vorausgesetzt, dass	mientras
Wahrheit	verdad f.
wahrnehmen	percibir
wahrscheinlich	probable
Wald	bosque m.
wann?	cuándo
warm/heiß sein	hacer calor
Wärme; Hitze	calor m.
wärmen; erhitzen	calentar <e → ie>
warten; hoffen	esperar
warum?	por qué
was; das, was	lo que
was? welche(r, s)?	qué
waschen (sich)	lavar(se)
Waschmaschine	lavadora
Wasser	agua (aber: el agua)
das Wasser läuft mir im Mund zusammen	se me hace la boca agua
Wassermann (Sternz.)	acuario
weder – noch	no – ni
Weg	camino
weg, außer Haus sein	estar fuera
weg-, fortgehen	irse
Weihnachten	Navidad f.
weil	porque
Wein	vino
weinen	llorar
weise	sabio/a
weiß	blanco/a
weit (entfernt)	lejos
welche(r, s)?	cuál, cuáles
Welt	mundo
wenig	poco/a
wer?	quién, quiénes
werden	ponerse + adj.
werfen; übergießen	echar
westlich	occidental
wichtig	importante
wichtig sein	importar
Widder (Sternz.)	aries m.
widerwillig	de mala gana
wie	como
wie alt ist er?	cuántos años tiene
wie entsetzlich!	qué horror
wie es sich gehört	como Dios manda
wie geht's?	qué tal
wie gerufen kommen	venir como anillo al dedo
wie viel?	cuánto
wie?	cómo
wieder	de nuevo
wieder, nochmals tun	volver a + Inf.
wiederherstellen	restablecer <-zc->
wiederholen	repasar; repetir <e → i>
Wiedersehen	reencuentro
wiegen	pesar
Wien	Viena
wild	salvaje
willkommen!	bienvenido/a
wimmeln	pulular
Wind	viento
Winter	invierno
wir	nosotros/as
wirklich	realmente
Wirklichkeit	realidad f.
wirtschaftlich	económico/a
wissen; können; erfahren	saber
wo	donde
wo?	dónde
Woche	semana
Wochenende	fin m. de semana
Wochentag	día m. de la semana
Wohnzimmer	salón m.
Wolf	lobo
wollen; mögen; lieben	querer <e → ie>
Wort	palabra
Wörterbuch	diccionario
wunderbar	maravilloso/a
wunderbar; super!	estupendo/a
wünschen	desear
wütend	furioso/a
zahlen	pagar
zählen; erzählen	contar <o → ue>
Zahnstocher	palillo
zauberhaft sein	ser un encanto
zehn	diez
Zeichentrickfilm	dibujos animados
zeigen	enseñar
Zeit; Wetter	tiempo
Zeitraum	período
Zeitschrift	revista
Zeitung	periódico
Zentrum	centro
zerbrechen; kaputtmachen; reißen	romper
zerkleinern	picar; trocear

zerstampfen	*machacar*	zum ersten Mal	*por primera vez*
Zeuge	*testigo*	Zungenbrecher	*trabalenguas m.*
ziemlich	*bastante*	zurückkommen	*volver <o → ue>*
Ziffer	*cifra*	zusammenarbeiten	*colaborar*
Zigarette	*cigarrillo*	zusammenrollen	*enrollar*
Zimmer	*habitación f.*	zusammensetzen;	*componer*
Zitrone	*limón m.*	komponieren	
Zivilisation	*civilización f.*	Zutat	*ingrediente m.*
Zoo	*zoo*	zwei	*dos*
zu (viel)	*demasiado*	zweifeln	*dudar*
zu Abend essen	*cenar*	zweite(r, s)	*segundo/a*
zuerst	*primero*	Zweiter Weltkrieg	*Segunda Guerra Mundial*
zufrieden	*contento/a*		
Zug	*tren m.*	Zwerg	*enano*
zuhören	*escuchar*	Zwiebel	*cebolla*
Zukunft	*futuro*	Zwilling (Sternz.)	*géminis m.*
zum Beispiel	*por ejemplo*	zwischen	*entre*

Mit * gekennzeichnete Wörter werden v. a. in Mexiko bzw. in Lateinamerika verwendet.

DIE WICHTIGSTEN UNREGELMÄSSIGEN SPANISCHEN VERBEN

In dieser Tabelle werden einige der wichtigsten unregelmäßigen Verben angeführt.

Infinitivo	Presente (yo)	Subjuntivo (yo)	Imperativo (tú)	Futuro (yo)	Indefinido (yo)	Imperfecto (yo)	Participio	Gerundio
abrir	abro	abra	abre	abriré	abrí	abría	abierto	abriendo
andar	ando	ande	anda	andaré	anduve	andaba	andado	andando
caber	quepo	quepa	cabe	cabré	cupe	cabía	cabido	cabiendo
caer	caigo	caiga	cae	caeré	caí	caía	caído	cayendo
dar	doy	dé	da	daré	di	daba	dado	dando
decir	digo	diga	di	diré	dije	decía	dicho	diciendo
escribir	escribo	escriba	escribe	escribiré	escribí	escribía	escrito	escribiendo
estar	estoy	esté	está	estaré	estuve	estaba	estado	estando
haber	hay (3. P. EZ)	haya (3. P. EZ)	—	habrá (3. P. EZ)	hubo (3. P. EZ)	había (3. P. EZ)	habido	habiendo
hacer	hago	haga	haz	haré	hice	hacía	hecho	haciendo
ir	voy	vaya	ve	iré	fui	iba	ido	yendo
oír	oigo	oiga	oye	oiré	oí	oía	oído	oyendo
morir	muero	muera	muere	moriré	morí	moría	muerto	muriendo
poder	puedo	pueda	puede	podré	pude	podía	podido	pudiendo
poner	pongo	ponga	pon	pondré	puse	ponía	puesto	poniendo
producir	produzco	produzca	produce	produciré	produje	producía	producido	produciendo
querer	quiero	quiera	quiere	querré	quise	quería	querido	queriendo
saber	sé	sepa	sabe	sabré	supe	sabía	sabido	sabiendo
salir	salgo	salga	sal	saldré	salí	salía	salido	saliendo
ser	soy	sea	sé	seré	fui	era	sido	siendo
tener	tengo	tenga	ten	tendré	tuve	tenía	tenido	teniendo
traducir	traduzco	traduzca	traduce	traduciré	traduje	traducía	traducido	traduciendo
traer	traigo	traiga	trae	traeré	traje	traía	traído	trayendo
venir	vengo	venga	ven	vendré	vine	venía	venido	viniendo
ver	veo	vea	ve	veré	vi	veía	visto	viendo
volver	vuelvo	vuelva	vuelve	volveré	volví	volvía	vuelto	volviendo

GRAMMATISCHE BEGRIFFE

Begriff	deutsche Beispiele
Adjektiv (*adjetivo*), Eigenschaftswort	schön, klein, gut
Artikel (*artículo*)	bestimmte: der, die, das; unbestimmte: einer, eine, eines
Futur (*futuro*), Zukunft	ich werde kommen, er wird fahren
Imperativ (*imperativo*), Befehlsform	komm!, kommen Sie!, kommt!
Indefinitpronomen (*pronombres indefinidos*), unbestimmte Fürwörter	jemand, etwas
Infinitiv (*infinitivo*), Nennform	laufen, kommen, sein
Konjunktiv (*subjuntivo*), Möglichkeitsform, KEINE direkte Entsprechung zwischen der Verwendung im Deutschen und Spanischen	er sei, laufe, gehe
Modalverb (*verbo modal*)	müssen, können, dürfen
Partizip (*participio*), Mittelwort der Vergangenheit	gelaufen, gekommen, gewesen
Perfekt (*perfecto compuesto*, kann auch dem spanischen *indefinido* oder *imperfecto* entsprechen), Vergangenheit	ich bin gelaufen, ich habe gesagt
Personalpronomen (*pronombre personal*), persönliches Fürwort	ich, mir, mich
Possessivpronomen (*pronombre posesivo*), besitzanzeigendes Fürwort	mein, dein, sein
Präposition (*preposición*), Vorwort, Verhältniswort	in, auf, für
Präsens (*presente*), Gegenwart, Jetztzeit	ich laufe, ich fahre
Präteritum (*indefinido, imperfecto*), Mitvergangenheit	ich lief, ich fuhr
Reflexives Verb (*verbo reflexivo*), rückbezügliches Zeitwort	sich waschen, sich freuen
Relativpronomen (*pronombre relativo*), bezügliches Fürwort	der, die, das, welcher, welche, welches, dessen, deren
Substantiv (*sustantivo*), Hauptwort, Nomen	Buch, Brief, Frau
Verb (*verbo*), Zeitwort, Tunwort	sagen, essen, trinken

SCHATZSUCHE

STICHWORTVERZEICHNIS

a 17, 24, 69
   ir + a + Infinitiv 13, 133
   volver + a + Infinitiv 13
Adverb – *adverbio* 58
Akzent – *acento* 28, 31, 39, 50, 116, 129
algo, alguien 21
alguna/o 23
Aussprache – *pronunciación* 30, 79, 80, 116
Betonung – *acentuación* 28, 31, 39, 50, 67, 116, 129
conocer 37, 60, 80
cualquier 22,
   cualquiera 21
de 24
   acabar + de + Infinitiv 13
   dejar + de + Infinitv 13
diphthongierende Zeitwörter –
   verbos con diptongo 8, 13, 32, 78, 115, 118
estar 13, 60, 84
Futur – *futuro* 128ff
gerundio
   estar + gerundio 11
   ir + gerundio 12
   llevar + gerundio 12
   seguir + gerundio 12
gustar 16
haber 128, 129
   hay 13, 60, 84
Höflichkeitsanrede 116, 117
Imperativ – *imperativo* 114ff
Imperfecto – Imperfekt 49ff
Indefinido 27ff, 41, 50, 54, 57
Indikativ – *indicativo* 74, 92, 93, 100, 103, 111
Infinitiv – *infinitivo* 13, 53, 99, 100, 101, 115, 133
ir 13, 35, 51, 84, 115, 133
Konjunktion 58, 100
Körperteile 122, 123
nada, nadie 21

Partizip – *participio* 46
Perfekt – *pasado compuesto* 41ff
para 26, 101,
   por 26
poder 35, 129
Präpositionen 24, 69, 70
Pronomen – *pronombres*
   Personalpronomen –
   pronombre personal 9, 18, 116, 117
   Objektpronomen –
   complemento directo / indirecto 18, 116, 117
   Reflexivpronomen –
   pronombre reflexivo 10, 116
   Relativpronomen –
   pronombre relativo 103ff
   unbestimmte Fürwörter –
   pronombre indefinido 20ff
que 89, 99, 100, 104, 108
querer 36, 78, 89, 99, 129
Redewendungen 95, 109, 123
regelmäßiges Zeitwort –
   verbo regular 8, 28, 49, 75, 114, 128
Relativsatz 102ff
rückbezügliches Zeitwort –
   verbo reflexivo 10, 116
saber 36, 60, 84, 129
ser 13, 35, 49, 51, 60, 84, 115
soler + Infinitiv 53
Sternzeichen 136
subjuntivo 74ff, 116, 117
tanto 23
unpersönliche Ausdrücke 94, 96, 100
unregelmäßiges Zeitwort – *verbo irregular* 8, 32, 35, 45, 49, 51, 78, 83, 115, 129
Verneinung – *negación* 21, 92, 93, 111, 117
Zeit- und Datumsangabe 41, 43, 45, 69, 70, 132, 133, 135

Lösungen zu den Buchseiten 15–20

14 En la maleta de Paloma hay una crema solar, camisetas, un libro, una cantimplora y calcetines. En la maleta de Nuria hay una cámara fotográfica, camisetas, una toalla, un móvil gafas de sol.

15 1. La crema solar está a la derecha de las camisetas. 2. Las gafas están entre la toalla y la cámara fotográfica. 3. La toalla está delante de las gafas. 4. La cámara fotográfica está a la izquierda del móvil. 5. El móvil está a la derecha de la cámara fotográfica. 6. La cantimplora está al lado del libro.

16

	2.			
1. P				
P	E	4.		
L	R	P	5.	6.
A	R	3. L	P	S
Z	O	C	A	L	O
A	S	A	T	A	Ñ
		S	A	Z	A
		A		O	R

Lösungswort: ZÓCALO.

17 1. gusta; 2. interesa; 3. gusta; 4. interesa – interesan; 5. gustan – gustan; 6. gusta; 7. gusta / interesa.

18 1. A Paloma y a Nuria les gusta salir. 2. A Juana no le gusta la cerveza. 3. A Michael le interesan el deporte y la música. 4. A mí no me gusta mucho estudiar. 5. A mi amiga le gusta ir de compras.

19

Betontes Personalpronomen nach Präposition	Unbetontes Personalpronomen im 3. Fall	Unbetontes Personalpronomen im 4. Fall
a mí	me	me
a ti	**te**	te
a él	le	**lo**
a ella	le	la
a usted	**le**	lo / la
a **nosotros, -as**	nos	nos
a vosotros, -as	os	**os**
a ellos	**les**	los
a **ellas**	les	**las**
a ustedes	les	los / las

20 1. las; 2. lo; 3. lo; 4. lo; 5. los; 6. los.

21 1. Sí, te lo puedo prestar. / Sí, puedo prestártelo. 2. Sí, se lo envío. 3. Sí, os las traigo. 4. Sí, se los dejo.

22 Hola querido amigo Buenolfato, **te** escribo esta carta porque tengo un nuevo caso muy importante. Para solucionar**lo** tengo que ir a México. Ya **le** he dicho a mi cliente que tengo excelentes contactos con los detectives mexicanos. **Lo** que pasa es que tienes que ayudar**me**. ¿Puedes poner**me** en contacto con un tal señor Roberto González? Para mis investigaciones es muy importante conocer**lo**. ¿Es verdad que este señor tiene tres hoteles? He oído que quiere vender**los** ahora precipitadamente. He oído también que tiene dos hijas y que **les** ha regalado una casa grande a las dos y que **las** quiere mucho. Una de las chicas ha desaparecido. Para **mí** el caso está bastante claro, se trata de un secuestro. Pero es difícil probar**lo**.
Un cordial saludo,
tu amigo Gafas.
Solución: SOCORRO, AMIGO.

23 Richtig ist: 1. No **lo** encuentro. 2. Sí, te **lo** he enviado. 3. No, **lo** compro mañana. 4. Sí, te **lo** puedo recomendar. Oder: Sí, puedo recomendár**telo**. 5. No, no **la** conozco.

Lösungen zu den Buchseiten 21–31

24 1. algo; 2. alguien – algo; 3. nadie; 4. cada uno; 5. nada; 6. cualquiera.

25
1. COMPUTADORA
2. SOMBRERO
3. PONCHO
4. TORTILLA
5. TEQUILA
6. ZORRO
7. GUERRA
8. PIRAMIDE
9. GUIA

Solución: MOCTEZUMA.

26 1. algunos; 2. tanta; 3. tantas; 4. ningún; 5. misma; 6. cada; 7. algún; 8. todo.

27 1. No tengo **tanto** dinero para comprarme un nuevo ordenador. 2. No he comprado **nada** en el mercado. 3. **Algún** día voy a viajar a Argentina. 4. No he visto a **nadie** en la calle. 5. ¿Has entendido **todo**? 6. ¿Has leído **algo** interesante en el periódico? 7. No quiero aprender **tantas** cosas.

28 1. en – a; 2. de – a; 3. a – de; 4. de – de; 5. en – al; 6. en – de; 7. en – a.

30
1. BANANA
2. DURAZNO
3. TINTO
4. BOLETO
5. LAPICERO
6. PAPAS
7. LINDAS

Solución: AZTECAS

31 1. por; 2. para; 3. para; 4. por; 5. para; 6. para.

32

trabajar	comer	vivir	ayudar	beber	abrir
trabajé	comí	viví	ayudé	bebí	abrí
trabajaste	comiste	viviste	ayudaste	bebiste	abriste
trabajó	comió	vivió	ayudó	bebió	abrió
trabajamos	comimos	vivimos	ayudamos	bebimos	abrimos
trabajasteis	comisteis	vivisteis	ayudasteis	bebisteis	abristeis
trabajaron	comieron	vivieron	ayudaron	bebieron	abrieron

33 yo – comí; tú – abriste; él / ella / usted – vivió; nosotros,-as – ayudamos; vosotros,-as – trabajasteis; ellos / ellas / ustedes – bebieron.

34 1. pregunté; 2. comprasteis; 3. vendió; 4. recibieron; 5. escuchamos; 6. vivieron; 7. comiste; 8. viajó; 9. salí; 10. estudiaron.

35 1. comieron; 2. miraron; 3. tomaron; 4. compraron; 5. hablaron; 6. jugaron.

36 1. empezaste – empecé; 2. llegaste – llegué; 3. pagó – pagué; 4. leyó – leyeron; 5. busqué – encontré.

37 1. trabajaste; 2. hablé; 3. expliqué; 4. jugaste; 5. recibió; 6. leyeron; 7. llegaron.
Lösungswort: TEQUILA

38 Folgende Formen haben einen Akzent: **2.** jugó; **3.** vendí; **5.** leímos; **6.** explicó; **7.** busqué; **9.** pagué; **10.** llegó; **11.** aprendí; **13.** hablé; **15.** conoció; **16.** leyó; **17.** trabajé.

39 **1.** Ayer los niños durmieron mucho. **2.** La semana pasada no me sentí bien. **3.** Maximiliano de México murió en 1867. **4.** El domingo visité a mi abuela. **5.** Ayer compré un CD nuevo.

40 Falsch sind: 1, 2, 3, 6, 8, 10.

41

Presente	Indefinido
explico	expliqué
empiezo	empecé
llega	llegó
duerme	durmió
ríe	rió
lee	leyó

42 **Lösungswort:** TENOCHTITLÁN

43 **1.** tuvimos; **2.** fuiste; **3.** pude; **4.** fuisteis; **5.** tuvo; **6.** estuvimos; **7.** pudisteis; **8.** puso; **9.** tuve; **10.** fueron.

44

Einzahl	Mehrzahl
pusiste	pusisteis
fui	fuimos
estuve	estuvimos
pudo	pudieron
tuvo	tuvieron
pidió	pidieron
sentí	sentimos

45 1. yo bebí, pude, pagué, empecé; 2. tú jugaste, llegaste, tuviste, hiciste; 3. él / ella / usted quiso, cerró, leyó, siguió; 4. nosotros, -as dimos, pudimos, supimos, vinimos; 5. vosotros, -as tomasteis, visteis, estuvisteis, fuisteis; 6. ellos / ellas / ustedes fueron, durmieron, dieron, jugaron.

46 1. compró; 2. tomaron; 3. jugué; 4. hicieron; 5. vieron; 6. conocieron; 7. aprendió; 8. hiciste.

47 1. pusisteis / vosotros; 2. hicimos / nosotros; 3. quisieron / ellos; 4. viniste / tú; 5. expliqué / yo; 6. pidió / él.

48 1. dices; 2. vienen; 3. están; 4. quiero; 5. ven; 6. hablo; 7. pone; 8. podemos; 9. empiezo; 10. hace; 11. tenéis; 12. sabes.

49 Zu korrigieren sind: 1. dije; 3. hizo; 4. comprasteis; 5. vine; 7. puse; 8. pudo; 10. quisieron; 11. supe; 12. traduje; 14. escribisteis; 16. estuve.

50 1. supieron; 2. tradujimos; 3. saliste; 4. oyeron; 5. vinisteis; 6. toqué; 7. crucé; 8. dieron.
Solución: PALENQUE

51 1. llegaron; 2. fueron; 3. dejaron – tomaron; 4. llamó – saludó; 5. vinieron – hablaron – pude – dijeron; 6. comieron; 7. se fueron – salieron.

52 1. pudimos – hemos ido; 2. ha llovido – llovió; 3. escribí – he escrito; 4. tuvimos; 5. has visto – vi; 6. han venido – vinieron.

53 1e; 2a; 3c; 4d; 5b.

54 **Lösungsvorschlag:** Hace un año hice un viaje. La semana pasada fui al cine. Ayer leí el periódico. El mes pasado comí en un buen restaurante. El año pasado compré una bicicleta. En las últimas vacaciones conocí a un chico muy simpático.

55 Hoy han ido al mercado, no han hecho compras, han navegado en Internet, no han tomado un taxi, han escrito postales. Ayer vieron una exposición, visitaron un templo azteca, no fueron a la piscina, quedaron con amigos, tradujeron una carta.

56 1. Ayer comimos en un restaurante mexicano. 2. Hoy me he levantado muy temprano. 3. Hace un año mis amigos volvieron a América. 4. El domingo pasado vimos una película buena. 5. Esta semana he estudiado mucho.

57

Nennform	Präsens	Indefinido	Pasado compuesto
acostarse	te acuestas	te acostaste	te has acostado
empezar	empieza	empezó	ha empezado
sentirse	se sienten	se sintieron	se han sentido
sentarse	se sienta	se sentó	se ha sentado
volver	vuelven	volvieron	han vuelto
entender	entiendo	entendí	he entendido
dormir	duermen	durmieron	han dormido

58 Correcto: 3, 5; falso: 1, 2, 4, 6, 7.

59 1. Nuria todavía no ha conocido a la hermana de Paloma. 2. El año pasado Paloma no estuvo en México. 4. Esta semana Nuria y Michael han venido de España. 6. Hoy Paloma no ha hecho muchas compras. 7. La semana pasada Nuria y Michael salieron con unos amigos mexicanos.

60

T				T	Q	U	I	S	E	
	R			R						P
		A		A	E	H	I	Z	O	U
R	E	D	U	J	I	S	T	E	I	S
I		F	U	E	R	O	N		S	I
E		D	I	J	I	S	T	E	I	S
R	N	V	I	N	I	E	R	O	N	T
O		I	O			S			T	E
C	N	S	P				T		I	
		T	U	V	E			E	O	
		E	S	T	U	V	I	M	O	S

CONDUJE / yo — RIERON / ellos
DIJISTEIS / vosotros — SUPO / él, ella, usted
ESTUVIMOS / nosotros — SINTIÓ / él, ella, usted
HIZO / él, ella, usted — TUVE / yo
FUERON / ellos — TRADUJISTE / tú
PUSISTE / tú — TRAJE / yo
QUISE / yo — VINIERON / ellos
REDUJISTEIS / vosotros — VISTE / tú

61 1. hace medio año; 2. el mes pasado; 3. esta semana; 4. el sábado; 5. en el año 2000; 6. hace cinco semanas; 7. el domingo pasado.

62 1. has ido; 2. fuimos; 3. vimos; 4. gustó; 5. vendió; 6. costó; 7. he visto.

63

Infinitivo	Indefinido	Participio
decir	dije	dicho
hacer	hicimos	hecho
comprar	compré	comprado
dar	dieron	dado
abrir	abrimos	abierto
venir	viniste	venido
poner	puse	puesto
poder	pudieron	podido

64 **Richtig sind:** 1. hicieron; 2. habéis escrito; 3. hemos tenido; 4. murió; 5. conquistaron; 6. he leído; 7. llegamos.

65 1. hice; 2. sabemos; 3. empezaron; 4. busco; 5. durmieron; 6. juego; 7. estuvimos; 8. ven; 9. dijiste; 10. venís.

66 1. hemos visto; 2. fuimos; 3. subí; 4. fue; 5. comimos; 6. hizo; 7. ha llovido; 8. he conocido; 9. jugué; 10. busqué.

67 1. tenía – viajaba; 2. era – íbamos; 3. gustaba; 4. hacía – había; 5. hablaba – sabía.

68 Tomabas – sabía – aprendíamos – salían – navegabais – sentía – andábamos

69

tomabas	tomar
sabía	saber
aprendíamos	aprender
salían	salir
navegábais	navegar
sentía	sentir
andábamos	andar

70 1. íbamos; 2. nadaba – construía – jugaba; 3. comía – gustaba; 4. íbamos – comíamos; 5. montaba – podíamos.

71 1. En invierno solíamos ir a esquiar a los Alpes. 2. En Navidad mi madre solía cocinar pescado. 3. En Nochevieja solíamos hacer fuegos artificiales. 4. El Domingo de Resurrección solíamos buscar huevos en el jardín. 5. Los fines de semana yo solía ver dibujos animados en la tele.

72 1. llevaba; 2. era; 3. hacía; 4. esperaba; 5. era; 6. tenía; 7. parecían; 8. estaba.

73 Imperfecto / Beschreibungen: Sie trug ein weißes Kleid; sie war sehr elegant; ein Taxi erwartete sie; er war sehr groß und gut aussehend; er hatte dunkle Haare; sie schienen sehr wichtig zu sein; sie war sehr zufrieden.
Indefinido / Aktionen: Sie kamen um elf an; sofort fuhren sie mit dem Taxi ins Hotel; sie ließen die Koffer im Zimmer 455 und tranken einen Begrüßungscocktail in der Hotelbar; danach telefonierte Herr Amoroso und Frl. Rubio begrüßte einen jungen Amerikaner; um zwei kamen zwei Herren von der Firma und sprachen mit Herrn Amoroso; ich konnte nicht hören, was sie sagten; sie aßen im Restaurant des Hotels; um sieben begaben sich Herr Amoroso und Frl. Rubio in das Zimmer und verließen es nicht mehr.

74 1. dábamos – empezó; 2. dormía – sonó; 3. hacía – llegamos; 4. murió – tenía; 5. vi – llevaba; 6. miraba – robó.

75 1. de repente; 2. mientras; 3. cuando; 4. cuando; 5. de repente.

76

Infinitivo	Presente	Indefinido	Imperfecto	Pasado compuesto
volver	vuelves	volviste	volvías	has vuelto
dormir	duerme	durmió	dormía	ha dormido
ir	vamos	fuimos	íbamos	hemos ido
decir	decimos	dijimos	decíamos	hemos dicho
recomendar	recomiendo	recomendé	recomendaba	he recomendado

77

1. H E R N A N
2. T O M A T E
3. C H I L E
4. M O C T E Z U M A
5. M A Y A
6. P O P O C A T E P E T L
7. L I N D O

Solución: NAHUATL

78 1. había; 2. estaba – hubo; 3. eran – había; 4. estuvimos; 5. era – había – estaba; 6. fue.

79 1. Ayer conocí a una chica guapa. 2. No sabía que los mayas construían pirámides. 3. Lo supe ayer. 4. Todavía no conocíamos el museo nuevo.

80 1. hizo; 2. estaba; 3. quería; 4. tardé; 5. volví; 6. estaba; 7. estaba; 8. estaban; 9. había; 10. pude; 11. grité; 12. apareció; 13. encontré; 14. escondió; 15. saqué.

81 1. Mientras Carmen hacía la compra, Diablo rompió el florero. 2. Cuando Carmen salió de casa, Diablo estaba durmiendo. 3. Cuando Carmen volvió, el gato se escondió rápidamente. 4. Cuando encontró el gato, Carmen estaba furiosa.

82 1. Saqué; 2. trajiste; 3. tomaba; 4. hacíamos; 5. escribió; 6. decías; 7. solían.
Solución: ARMARIO

83 1. Mientras Michael y Nuria iban de compras, Paloma se daba un paseo. 2. Los amigos comieron tortillas y después fueron al cine. 3. Estábamos tomando café, cuando empezó a llover. 4. Cuando llegamos al museo, ya estaba cerrado. 5. Ayer fuimos a Teotihuacán y subimos a la Pirámide del Sol.

Lösungen zu den Buchseiten 63–71

84 1. se cometió – encontró – estaba – llevaba; 2. comía – llegaron – salieron; 3. se daba – conocía – vio – discutieron – se trataba; 4. trabajaba – estaba – recogió.

85 Die Botschaft lautet: ¡El señor Amoroso es inocente! Estuvo en un restaurante con la señorita Rubio. Hans Gierig no tiene coartada. Él asesinó al señor Rico porque el señor Rico no le quería dar un millón de dólares. Saludos, Gafas.

86 Die Reihenfolge der Wörter lautet: ayuda – estoy – asesinato – información – cuántos – por qué – por.

87 1. te ayudo; 2. es; 3. ha cometido; 4. estuvo; 5. asesinó; 6. trataba; 7. huyó; 8. se fue; 9. sabía; 10. estaba; 11. nació; 12. vive; 13. tiene.

88

Infinitivo	Presente	Indefinido	Imperfecto	Pasado compuesto
empezar	empiezas	empezaste	empezabas	has empezado
traer	trae	trajo	traía	ha traído
saber	sabemos	supimos	sabíamos	hemos sabido
tener	tengo	tuve	tenía	he tenido
conocer	conozco	conocí	conocía	he conocido

89 Falsch sind: 1, 2, 4, 5, 7, 8, 11, 12, 14, 15, 17, 18.

90 1. dijiste / decir; 2. comíamos / comer; 4. hacías / hacer; 5. empezaron / empezar; 7. tomaban / tomar; 8. produjisteis / producir; 11. pidió / pedir; 12. fueron / ir, ser; 14. encontraron / encontrar; 15. acostaba / acostar; 17. durmieron / dormir; 18. pusieron / poner.

91

```
1. N A P O L E O N
2. E I F F E L
3. C O L O N
4. C E R V A N T E S
5. A R M S T R O N G
6. C E S A R
7. B E E T H O V E N
```

Solución: PICASSO.

93 Nicht in die Reihe passen: 1. compró; 2. conocía; 3. venía; 4. bebí; 5. estaba.

94 1d; 2a; 3e; 4f; 5c; 6b.

95 Richtig sind: 1. vivía; 2. había; 3. había; 4. se iba; 5. se sentaba; 6. jugaba; 7. era; 8. cayó; 9. desapareció; 10. era; 11. se puso; 12. se echó; 13. habló; 14. se volvió; 15. vio; 16. prometió; 17. volvió; 18. dijo; 19. dio; 20. convirtió; 21. tenía; 22. casaron; 23. tenían.

96 1b; 2c; 3d; 4e; 5a.

97 1. a – desde – hasta; 2. desde hace; 3. hace; 4. desde; 5. por – a; 6. hace.

98 Die Nachricht lautet: Hola Juana, tengo un problema: hace una hora me han robado el bolso con mi monedero y mi billete de metro. Ya he hablado con la policía pero ahora no sé cómo llegar a tu casa. Estoy en el Zócalo. ¿Me puedes recoger por favor? Un beso, Nuria.

99 1. Desde hace un año Michael aprende español. 2. Hace unos días Nuria y Michael visitaron la ciudad Puebla. 3. El sábado vamos a la discoteca. 4. Carlos trabaja en Madrid desde 1995.

100 Die richtige Reihenfolge der Sätze lautet: 12, 1, 7, 6, 8, 13, 9, 3, 10, 5, 11, 2, 14, 4.

Solución: CRISTÓBAL COLÓN.

101 Nicht in die Reihe passen: **1.** vivías; **2.** hacían; **3.** poníamos; **4.** estabas; **5.** pudiste.

102 **1.** dices; **2.** entendí; **3.** volvían; **4.** veía; **5.** conoció; **6.** repetía.

103 Richtig sind: **1.** fui; **2.** llegamos; **3.** había; **4.** estaba; **5.** llamó; **6.** tenía; **7.** empecé; **8.** era; **9.** hizo; **10.** se dio; **11.** gustaba; **12.** se lanzó; **13.** mordió; **14.** desapareció; **15.** tuve.

104 **1.** desde hace; **2.** hace; **3.** fuimos; **4.** había; **5.** comí; **6.** tomé; **7.** a las diez; **8.** llegó; **9.** bailé; **10.** era; **11.** estaba; **12.** llamaba.

105

trabajar	comer	vivir	ayudar	beber	abrir
trabaje	coma	viva	ayude	beba	abra
trabajes	comas	vivas	ayudes	bebas	abras
trabaje	coma	viva	ayude	beba	abra
trabajemos	comamos	vivamos	ayudemos	bebamos	abramos
trabajéis	comáis	viváis	ayudéis	bebáis	abráis
trabajen	coman	vivan	ayuden	beban	abran

106 yo – viva (od. coma); tú – abras; él / ella / usted – coma (od. viva); nosotros, -as – ayudemos; vosotros, -as – trabajéis; ellos / ellas / ustedes – beban.

107 **1.** pregunte; **2.** venda; **3.** escuchemos; **4.** comas; **5.** compréis; **6.** reciban; **7.** vivan; **8.** viaje.

108 **1.** hablen con sus mejores amigos; **2.** tomen unos traguitos de tequila; **3.** preparen diferentes tipos de tacos; **4.** bailen mucho; **5.** escuchen la música de los mariachi; **6.** canten "La cucaracha"; **7.** miren unos libros sobre Frida Kahlo.

109 **1.** compres; **2.** nos informemos; **3.** hables; **4.** cambiemos; **5.** lleves.

110

Indicativo	Subjuntivo
comen	escuches
viajamos	toméis
compro	venda
hablas	compréis
esperas	coman
trabajamos	tomemos
recibes	vivan
abrís	mires
	escribáis
	entendamos
	recibáis
	lleves

111

yo	tú	él, ella, usted	nosotros, -as	vosotros, -as	ellos, -as, ustedes
quiera	quieras	quiera	queramos	queráis	quieran
juegue	juegues	juegue	juguemos	juguéis	jueguen
duerma	duermas	duerma	durmamos	durmáis	duerman
pida	pidas	pida	pidamos	pidáis	pidan
conozca	conozcas	conozca	conozcamos	conozcáis	conozcan
dirija	dirijas	dirija	dirijamos	dirijáis	dirijan

Lösungen zu den Buchseiten 81–86

112 Falsch sind: 1, 3, 6, 7, 8, 11, 13, 14, 17.

113 **1.** expliques – explicas – explicar; **3.** lleguéis – llegáis – llegar; **6.** durmamos – dormimos – dormir; **7.** conozcamos – conocemos – conocer; **8.** cojáis – cogéis – coger; **11.** vuelvan – vuelven – volver; **13.** juguéis – jugáis – jugar; **14.** pidáis – pedís – pedir; **17.** quieran – quieren – querer.

114

pidamos	juguemos	almuerces	durmamos	empiece
cierre	volváis	pidan	volvamos	sientas
empieces	quiera	cerréis	llegues	almorcemos
durmáis	lleguemos	vuelva	queramos	pidáis
pida	sintamos	empecemos	jueguen	duerma

115 **1.** traducir; **2.** buscar; **3.** distinguir; **4.** vencer; **5.** coger; **6.** llegar; **7.** dirigir; **8.** conocer.

116

[Kreuzworträtsel]

Antwort: La práctica.

117 Die Subjuntivoform lautet: cuente.

118

Infinitivo	Indicativo (yo)	Subjuntivo (yo)
hacer	hago	haga
poner	pongo	ponga
estar	estoy	esté
conocer	conozco	conozca
ser	soy	sea
traer	traigo	traiga
decir	digo	diga
saber	sé	sepa

119 **1.** yo caiga, salga, conduzca; **2.** tú oigas, hagas, tengas; **3.** él, ella, usted vaya, sepa, dé; **4.** nosotros, -as pongamos, conozcamos, construyamos; **5.** vosotros, -as seáis, digáis, estéis; **6.** ellos, ellas, ustedes vean, traigan, vengan.

120 **1.** firme; **2.** duermas; **3.** pidamos; **4.** distingáis; **5.** empiece; **6.** salgáis; **7.** pongas; **8.** conduzcamos; **9.** construya.
Lösungswort: FRANCISCO "Pancho" Villa.

Lösungen zu den Buchseiten 87–97

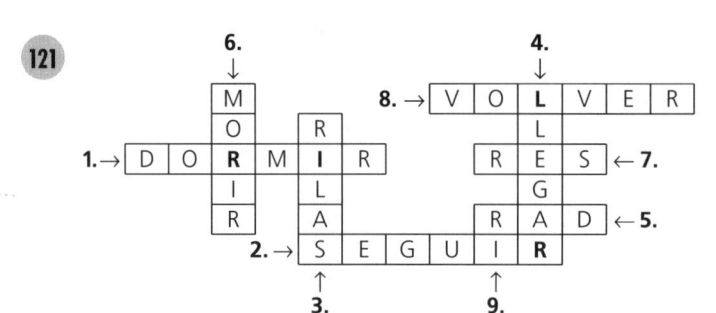

121

```
            6.                    4.
            ↓                     ↓
          ┌───┐                 ┌───┐
          │ M │   8.→┌───┬───┬─┤ L │───┬───┐
          │ O │      │ V │ O │ │ L │ V │ E │ R │
          │   │      └───┴───┘ │ L │   └───┘
   ┌───┬──┤ R ├───┬───┐       ┌─┤   ├─┐
1.→│ D │ O│ R │ M │ I │ R │   │ R │ E │ S │←7.
   └───┴──┤ I ├───┴───┘       └─┤ G ├─┘
          │ R │                 │   │
          └───┤               ┌─┤ R ├─┬───┐
              │ A │           │ R │ A │ D │←5.
              └───┤           └───┴───┴───┘
           2.→│ S │ E │ G │ U │ I │ R │
              └───┴───┴───┴───┴───┴───┘
                  ↑               ↑
                  3.              9.
```

122 Subjuntivoformen sind: hagas, termine, haya, sea, vaya, tengamos, sepan, vengas, tome, miremos, vayan, contemos. **Solución:** 1810 (In diesem Jahr begann der Unabhängigkeitskrieg mit Spanien.)

123 **1.** llame; **2.** pase; **3.** prepare; **4.** friegue; **5.** vaya; **6.** haga; **7.** limpie; **8.** cierre; **9.** baje; **10.** lleve.

124 Lösungsvorschlag: **1.** comprendas; **2.** escuches; **3.** vengas; **4.** beses; **5.** dejes.

125 **1.** visiten; **2.** hable; **3.** hables; **4.** vayamos – veamos; **5.** podáis; **6.** tome; **7.** haga; **8.** tengas.

126 **1.** Lamento que Carlos no **vaya** a Yucatán porque las pirámides de Chichén Itzá son muy lindas. **2.** Me molesta que **grites** de esa manera. **3.** A Juana le gusta que sus amigos **se diviertan** en la fiesta. **4.** Sentimos que no **podáis** pasar las vacaciones en Acapulco. **5.** Les alegra que Michael ya **hable** bastante bien. **6.** A Michael le extraña que en México el Día de los Muertos se **coman** esqueletos de mazapán.

127 1f; 2c; 3e; 4b; 5a; 6d.

128 **1.** No creo que Paloma **esté** enferma. **2.** No es importante que vengas pronto. **3.** No me parece que tu hermana **sea** muy trabajadora. **4.** Juana no cree que en Europa **haya** muchos puestos de trabajo. **5.** No estoy segura de que lo **hagamos** muy bien. **6.** Me parece que sus amigos **hablan** alemán. **7.** No es evidente que a Carlos no le **guste** el teatro. **8.** Laura cree que **puede** visitaros en verano. **9.** No creo que Michael y Nuria **jueguen** al tenis.

129 **1.** No pienso que Michael sea un empollón. **2.** Está demostrado que los alumnos aprenden de sus errores. **3.** Tememos que no podamos ir a tu fiesta. **4.** Duda que pueda pasar sus vacaciones en México. **5.** Creo que mañana va a hacer buen tiempo. **6.** No cree que ella tenga ganas de bailar.

130 1c; 2e; 3a; 4d; 5b.

131 **1.** estudies; **2.** te alojes; **3.** viajes; **4.** comas; **5.** hables; **6.** uses; **7.** te sientas – tengas.

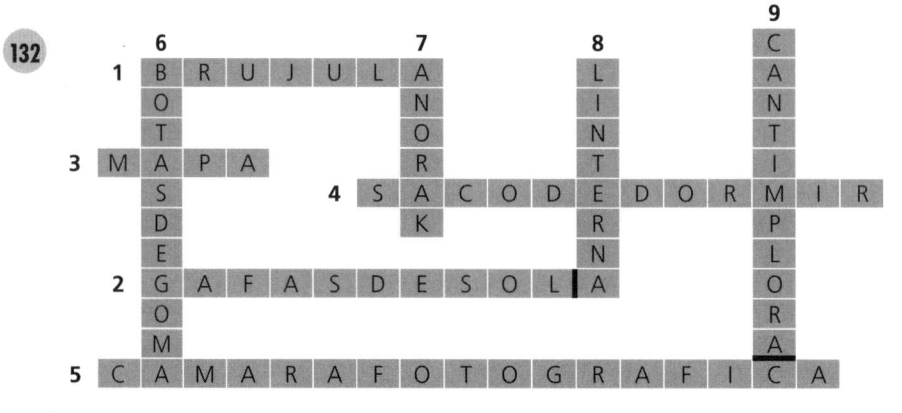

132

```
                                              9
              6              7          8     C
        1  B  R  U  J  U  L  A          L     A
           O              N             I     N
           T              O             N     T
        3 M  A  P  A      R             T     I
           S           4  S  A  C  O  D  E  D  O  R  M  I  R
           D              K             R     P
           E                            N     L
        2  G  A  F  A  S  D  E  S  O  L  A    O
           O                                  R
           M                                  A
        5  C  A  M  A  R  A  F  O  T  O  G  R  A  F  I  C  A
```

Solución: EL DÍA DE LOS MUERTOS.

Lösungen zu den Buchseiten 98–109

133 **1.** visitemos; **2.** beban; **3.** es; **4.** tenga; **5.** hable; **6.** leas; **7.** gustan; **8.** camines; **9.** pueden.

134 **1.** Es una pena que Carlos no nos pueda acompañar (oder: no pueda acompañarnos) a Yucatán. **2.** En la selva es necesario que lleves botas de goma. **3.** Es lógico que tengamos que dormir al aire libre. **4.** ¿Creéis que vemos animales salvajes? **5.** Es posible que necesiten una brújula. **6.** Estoy seguro / -a de que os gusta la excursión a las pirámides.

135 **1.** Es raro / lleves; **2.** Es seguro / aterrizan; **3.** Es una pena / visiten; **4.** Es importante / aprendas; **5.** Es improbable / llueva.

136 Richtig ist: **1.** leer; **2.** lean; **3.** venga; **4.** vivir; **5.** llegar; **6.** lleguen; **7.** habléis; **8.** hablar.

137 **1.** para / conocer; **2.** para que / tenga; **3.** para / navegar – para que / puedan; **4.** para / proteger.

138 **1.** Aunque el viaje sea barato, no lo puedo hacer. **2.** Aprende español (castellano) para poder hablar con los mexicanos. **3.** Mientras los niños jugaban, veía la tele. **4.** Cuando Michael no puede dormir, cuenta ovejitas. **5.** Cuando suba la temperatura, tienes que poner el aire acondicionado. **6.** Aunque hace buen tiempo, trabaja.

139 **1.** Adonde quieras. **2.** Con quien quieras. **3.** Como quieras. **4.** Cuando quieras.

140 **1.** soy; **2.** me encuentro; **3.** quiero; **4.** deseo; **5.** tenga; **6.** quiero; **7.** ayude; **8.** sea; **9.** tenga; **10.** sea; **11.** lleve; **12.** llevo; **13.** sepa; **14.** espero; **15.** conteste.

141 **1.** Dame el dinero que te presté. **2.** La chica, de la que te hablé, se llama Juana. **3.** Diego Rivera, del que te hablaron, es muy conocido. **4.** El gato, que tiene Nuria, es muy vago. **5.** Fueron a ver el museo que está cerca de aquí. **6.** El futbolista, que metió el gol, es muy famoso. **7.** Dime todo lo que sabes. **8.** Es usted con el que quiero hablar. **9.** La mayoría de las flores, que hay en este jardín, son rosas.

142 **1.** en la que; **2.** con las que; **3.** del que; **4.** con la que; **5.** al que; **6.** cuyo.

143 **1.** La exposición, a la que querían ir Michael y Nuria, era en el Museo Frida Kahlo. **2.** La parada de metro, a la que fueron, estaba bastante lejos. **3.** El cruce, hasta el que tenían que ir, estaba marcado en el mapa. **4.** Nuria, detrás de la que caminaba Michael, se volvió de repente. **5.** Michael, del que Nuria se rió muchísimo, llevaba los zapatos de Juana sin darse cuenta de ello.

144 **1.** El detective, que también viaja a México, se llama Gafas. **2.** Su amigo, con el que colabora, es Buenolfato. **3.** El señor Amoroso, cuya mujer está en Madrid con los niños, flirtea con una mexicana linda (guapa). **4.** El detective Gafas observa a los dos que comen en un restaurante. **5.** Buenolfato, cuyo amigo Diego trabaja de camarero en ese restaurante, le cuenta todo.

145 **1.** ¡Ojalá haga buen tiempo! **2.** ¡Ojalá quiera ir al Museo Frida Kahlo! **3.** ¡Ojalá le gusten los cuadros! **4.** ¡Ojalá vengan pronto! **5.** ¡Ojalá esté abierto!

146 1d; 2e; 3f; 4g; 5a; 6c; 7b.

Lösungen zu den Buchseiten 111–118

147

B	A	J	E	I	S	E	R	T	G	P	U	C	A	N	T	E	M	O	S
U	C	O	N	A	Q	O	A	U	P	O	K	O	L	M	O	M	I	B	E
V	H	I	C	I	E	R	R	E	O	N	Z	M	E	B	M	I	R	Z	P
T	B	U	U	P	I	M	O	N	Z	G	T	P	M	O	E	R	E	X	A
S	R	M	E	G	L	B	M	G	T	A	A	R	N	U	I	U	N	Y	Q
R	N	L	N	H	A	V	N	O	Y	U	E	E	U	I	S	Z	Q	A	A
Q	E	N	T	I	E	N	D	A	S	C	O	M	A	S	Q	U	O	E	Y
P	J	K	R	L	A	A	V	L	E	H	P	O	T	K	P	Q	V	H	L
O	L	M	E	G	S	S	L	E	F	E	O	S	I	L	O	R	V	O	P
I	A	P	N	B	X	F	D	A	H	R	R	A	O	G	H	S	N	Y	O
U	R	E	O	N	Z	I	U	A	M	T	U	L	L	Y	A	A	M	S	J
D	V	O	M	E	J	O	R	E	S	H	N	G	Q	X	I	F	O	D	T
F	D	U	R	M	A	M	O	S	B	O	X	A	Y	Q	U	I	E	R	A

148 1. vivan; 2. vean; 3. fumen; 4. coman; 5. beban; 6. pasen; 7. estudien; 8. lleven; 9. hablen; 10. se preocupen.

149 Richtig ist: 1. está; 2. llueve; 3. vamos; 4. sea; 5. se sientan; 6. vamos; 7. visiten; 8. vean; 9. es; 10. hace; 11. resulte; 12. son; 13. es; 14. aprovechemos; 15. haga; 16. vayamos; 17. está; 18. acompañe; 19. tengas; 20. pases.

150 1. ¡Pon la mesa! 2. ¡Di la verdad! 3. ¡Haz la cama! 4. ¡Bebe agua! 5. ¡Sal al jardín! 6. ¡Ven aquí!

151 1. trocea; 2. rellena – enrolla; 3. pincha; 4. pon; 5. fríe; 6. saca; 7. deja; 8. agrega.

152 1. ¡No pongas la mesa! 2. ¡No digas la verdad! 3. ¡No hagas la cama! 4. ¡No bebas agua! 5. ¡No salgas al jardín! 6. ¡No vengas aquí!

153 1. ¡Poned la mesa ahora! 2. ¡No salgas conmigo! 3. ¡No habléis despacio! 4. ¡Haz ruido! 5. ¡No comas la tarta! 6. ¡Compra estas botas! 7. ¡No vengáis a la fiesta!

154

	Imperativo		Presente	Infinitivo
	tú	usted	yo	
1.	ven	venga	**vengo**	venir
2.	**haz**	haga	hago	hacer
3.	come	**coma**	como	comer
4.	**pon**	ponga	pongo	poner
5.	ve	**vaya**	voy	ir
6.	ten	tenga	**tengo**	tener
7.	**vive**	viva	vivo	vivir
8.	sal	**salga**	salgo	salir

155

	probar	pensar	pedir
tú	prueba	piensa	pide
usted	pruebe	piense	pida
vosotros/-as	probad	pensad	pedid
ustedes	prueben	piensen	pidan
	repetir	contar	empezar
tú	repite	cuenta	empieza
usted	repita	cuente	empiece
vosotros/-as	repetid	contad	empezad
ustedes	repitan	cuenten	empiecen

156 ponga – anden – nadad – dé – empiece – encuentra – apagad – di – idos – sentaos – sal – lean.

157

1. decir (tú)	7. comer (ustedes)	19. volver (vosotros)	29. empezar (usted)
2. seguir (usted)	15. poner (usted)	20. ir (vosotros)	30. cruzar (tú)
3. tomar (vosotros)	16. contar (tú)	23. escuchar (usted)	31. girar (ustedes)
4. cerrar (ustedes)	17. venir (tú)	25. saber (usted)	32. dar (usted)
5. comer (vosotros)	18. hacer (tú)	28. ir (ustedes)	39. bailar (vosotros)

158 **1.** escríbanlas; **2.** hazlos; **3.** pedidla; **4.** pónganlo; **5.** pruébalas; **6.** repítalas; **7.** tomadlo; **8.** ábrela.

159 **1.** la abras; **2.** pasen – pasen; **3.** tráemela; **4.** pon; **5.** escriba – mándela; **6.** haz; **7.** tómesela; **8.** hágala; **9.** la hagas.

160 **1.** trocee; **2.** rellene – enrolle; **3.** pinche; **4.** ponga; **5.** fría; **6.** saque; **7.** deje; **8.** agregue.

161 Die richtige Reihenfolge lautet: partir, sacar, machacar, mezclar, agregar, servir.

162 **1.** cambia; **2.** comas – bebas; **3.** haz; **4.** monta – nada; **5.** entra; **6.** sube – baja; **7.** vayas; **8.** baila; **9.** da; **10.** ve; **11.** haz.

164 **1.** pelo; **2.** cabeza; **3.** oídos; **4.** lengua; **5.** boca; **6.** mano; **7.** dedo; **8.** pie.

165 1b; 2c; 3e; 4d; 5h; 6g; 7f; 8a.

166

Crucigrama:
- 1. → PIES
- 2. → BRAZO
- 3. → ESTOMAGO
- 4. ↓ MANO
- 5. ↓ BOCA
- 6. ← CUELLO
- 7. → OJOS

Solución: No tiene P E L O S en la L E N G U A.

167 **1.** coma; **2.** tome; **3.** mantenga; **4.** sea; **5.** lávese; **6.** evite; **7.** consuma; **8.** caliente; **9.** almacene; **10.** revise; **11.** acuda.

168 **1.** pon; **2.** lee; **3.** des; **4.** lleva; **5.** dejes; **6.** abras; **7.** apagues; **8.** compres; **9.** olvida; **10.** llama; **11.** di; **12.** prepara; **13.** escribe; **14.** da.

169 Nicht in die Reihe passen: **1.** brazo; **2.** oreja; **3.** lengua; **4.** cuello.

170

	hablar		comer		escribir	
tú	habla	**no hables**	come	no comas	escribe	**no escribas**
usted	**hable**	no hable	coma	**no coma**	**escriba**	no escriba
ustedes	hablen	**no hablen**	coman	no coman	escriban	**no escriban**

171 **1.** siéntese – doble; **2.** empuje; **3.** aguante; **4.** siga; **5.** cierre; **6.** abra – cierre; **7.** relaje; **8.** junte – póngalas; **9.** presione – aguante; **10.** suba – baje.

Lösungen zu den Buchseiten 128–131

172

	Einzahl		Mehrzahl
yo	he	nosotros, -as	hemos
tú	has	vosotros, -as	habéis
él / ella / usted	ha	ellos, ellas, ustedes	han

173

hablar	comer	escribir	ayudar	beber	abrir
hablaré	comeré	escribiré	ayudaré	beberé	abriré
hablarás	comerás	escribirás	ayudarás	beberás	abrirás
hablará	comerá	escribirá	ayudará	beberá	abrirá
hablaremos	comeremos	escribiremos	ayudaremos	beberemos	abriremos
hablaréis	comeréis	escribiréis	ayudaréis	beberéis	abriréis
hablarán	comerán	escribirán	ayudarán	beberán	abrirán

174

caber	poner	hacer	decir	venir	querer
cabré	pondré	haré	diré	vendré	querré
cabrás	pondrás	harás	dirás	vendrás	querrás
cabrá	pondrá	hará	dirá	vendrá	querrá
cabremos	pondremos	haremos	diremos	vendremos	querremos
cabréis	pondréis	haréis	diréis	vendréis	querréis
cabrán	pondrán	harán	dirán	vendrán	querrán

175 1. preguntaré; 2. venderá; 3. escucharemos; 4. comerás; 5. saldré; 6. compraréis; 7. recibirán; 8. vivirán; 9. viajará; 10. estudiarán.

176

```
                    X
                  O F L
                C V G A C
              R O E H V R T
            Z O M N Y K U V I
          M I B E D H Y D I R E
        P Q U E R R A N O V E I S
      X O L E T A A B J A I C H E I
    N U M E R A N S L H A R E M O S E
  I U S A L S A B R A G N A T U R A C P
H A B L R P O N D R E I S X Y Z A M O
A B C A T E N D R E M O S P O N R A S
```

177

comerán	comer
diré	decir
hablaré	hablar
haremos	hacer
pondréis	poner
querrán	querer
sabrá	saber
tendremos	tener
vendrás	venir
vivirás	vivir

Lösungen zu den Buchseiten 132–141

178 1. oiré; 2. jugaré; 3. saldré; 4. haré; 5. veré; 6. daré; 7. me levantaré; 8. me reuniré; 9. iré; 10. organizaré.

179

¿Quién?	¿Qué van a hacer?	¿Cuándo?
Carlos y Juana	representación de danzas	el sábado
Michael y Paloma	Museo Nacional de Antropología	el domingo
Diego y Nuria	Teotihuacán	el viernes

180 1. Carlos **va a** ir a una representación de danzas típicas en la plaza del Zócalo. Va a ir el **sábado**. 2. El **domingo** Michael va a ir al Museo Nacional de Antropología con **Paloma**. 3. Diego va a ir el viernes **a Teotihuacán**. Va a ir con **Nuria**.

181 Días de la semana: lunes, martes, miércoles, jueves, viernes, sábado, domingo.
Meses: enero, febrero, marzo, abril, mayo, junio, julio, agosto, septiembre, octubre, noviembre, diciembre. Estaciones: primavera, verano, otoño, invierno.

182 5, 8, 1, 10, 2, 7, 9, 6, 4, 3.

183 1c; 2f; 3l; 4h; 5b; 6j; 7e; 8a; 9d; 10g; 11k; 12i.

184

L	A	P	R	O	X	I	M	A
S	E	M	A	N	A	O	A	V
P	A	S	A	D	O	Q	Ñ	I
E	S	T	A	I	T	U	A	E
A	G	N	O	C	H	E	N	N
E	L	A	Ñ	O	A	R	A	E
S	E	N	J	U	L	I	O	I

Solución: SAGITARIO

Die Sätze lauten demnach:
1. El año que viene;
2. En julio;
3. La próxima semana;
4. Pasado mañana;
5. Esta noche.

185 1. empezarás; 2. estarán; 3. conocerás; 4. se convertirán; 5. será; 6. tendrás; 7. intentarás; 8. se presentarán; 9. tocará; 10. será; 11. podrás; 12. habrá.

187 1. comentaré; 2. pasarás; 3. llegarás; 4. comerás; 5. podrás; 6. dará; 7. será; 8. verás; 9. dejarán.

189

				2.							
			6.	M	A	R	G	A	R	I	T	A
	1.	V	I	E	N	T	O				
				X							
	4.	C	H	I	L	A	N	G	O	S	
3.	P	O	P	O	C	A	T	E	P	E	T	L
	5.	C	O	N	T	A	M	I	N	A	C	I	O	N

Solución: Lidia está EN CASA de su novio.

190 1. viajarán; 2. volverá; 3. terminará – harán; 4. tendrá; 5. dirán; 6. solucionará – podrá; 7. se enamorará.

191 1. sea – seré; 2. vaya – veré; 3. esté – volveré; 4. pueda – iré; 5. saque – estaré; 6. vuelva – descansaré; 7. vea – sacaré; 8. tenga – podré; 9. sea – tendré.

192 Die Reihenfolge der Sätze lautet: 1, 9, 8, 4, 2, 7, 5, 3, 6.

193 2. pasaré; 3. haré; 4. llevaré; 5. pondré; 6. compraré/regalaré; 7. seré.

17

194

Presente de indicativo	Presente de subjuntivo	Futuro
compro	sepamos	diré
duermes	hable	comeremos
tienen	haga	vendré
leo	conozcáis	empezaremos
pueden	escriban	pondrás
volvemos	tengan	abriré
veo	esté	saldrán
vivís	digamos	querré

Indefinido	Imperfecto	Participio
tuvieron	daba	dicho
vendió	iba	visto
hablé	trabajaba	puesto
hice	era	abierto
supieron	había	vuelto
hubo	conocíamos	tomado
fuimos	veías	escrito
escribisteis	escuchabas	podido

195 Richtig sind: **1.** nada; **2.** algo – nada; **3.** cada; **4.** algún – ninguno; **5.** cuya.

196 **1.** No, no me las ha enseñado. **2.** Sí, se lo ha comprado. **3.** Sí, la va a visitar. (Sí, va a visitarla.) **4.** Sí, se las explica. **5.** No, no me lo ha dicho.

197 **1.** vivimos; **2.** fuimos; **3.** estaba; **4.** viajaba; **5.** charlaba; **6.** había; **7.** era; **8.** llegamos; **9.** hacía; **10.** se puso; **11.** llevamos; **12.** vivía; **13.** dio; **14.** se sintió; **15.** pudimos; **16.** vimos.

198

Indicativo	
es cierto que	es stimmt, dass
estoy seguro de que	ich bin sicher, dass
opino que	ich meine, dass
me parece que	mir scheint / ich glaube, dass
es evidente que	es ist offensichtlich, dass
pienso que	ich denke, dass
es seguro que	es ist sicher, dass

Subjuntivo	
es necesario que	es ist nötig, dass
no es verdad que	es ist nicht wahr, dass
no creo que	ich glaube nicht, dass
espero que	ich hoffe, dass
me parece raro que	ich finde es sonderbar, dass
me gusta que	es gefällt mir, dass
es posible que	es ist möglich, dass
es obligatorio que	es ist verpflichtend, dass
es triste que	es ist traurig, dass
es una pena que	es ist schade, dass
quiero que	ich möchte, dass

Lösungen zu den Buchseiten 145–146

199 Richtig sind: **1.** pruebe; **2.** es; **3.** laves; **4.** lleven; **5.** se encuentra; **6.** sea.

200 **1.** veáis; **2.** haced; **3.** juguéis; **4.** salgáis; **5.** arreglad; **6.** charles; **7.** prepara; **8.** pon; **9.** bebas; **10.** saca.

201 1b; 2c; 3a; 4c; 5b; 6c; 7a; 8b; 9a; 10c; 11b; 12c.

© VERITAS-VERLAG, Linz
Alle Rechte vorbehalten, insbesondere das Recht der Verbreitung
(auch durch Film, Fernsehen, Internet, fotomechanische Wiedergabe, Bild-, Ton- und Datenträger jeder Art)
oder der auszugsweise Nachdruck

1. Auflage (2004)
ISBN 3-7058-6833-0

Durchstarten in Spanisch

MONIKA VEEGH
REINHARD BAUER

Spanisch
Für das 2. Lernjahr

LÖSUNGSHEFT

VER☥TAS
LERNHILFEN

Lösungen zu den Buchseiten 7–14

Quiz: 1b; 2a; 3a; 4c; 5b; 6a; 7a; 8c; 9a; 10c; 11a; 12c; 13c; 14a.

1 1. tener; 2. venir; 3. vender; 4. ver; 5. comprar; 6. empezar; 7. salir; 8. dormir; 9. ir; 10. conocer; 11. hacer; 12. abrir.

2

tener	venir	vender	ver	comprar	empezar
tengo	vengo	vendo	veo	compro	empiezo
tienes	vienes	vendes	ves	compras	empiezas
tiene	viene	vende	ve	compra	empieza
tenemos	venimos	vendemos	vemos	compramos	empezamos
tenéis	venís	vendéis	veis	compráis	empezáis
tienen	vienen	venden	ven	compran	empiezan

salir	dormir	ir	conocer	hacer	abrir
salgo	duermo	voy	conozco	hago	abro
sales	duermes	vas	conoces	haces	abres
sale	duerme	va	conoce	hace	abre
salimos	dormimos	vamos	conocemos	hacemos	abrimos
salís	dormís	vais	conocéis	hacéis	abrís
salen	duermen	van	conocen	hacen	abren

3 1d; 2f; 3f; 4e; 5d; 6a; 7a; 8b; 9e; 10c.

4 1. hacen – quieren; 2. espera; 3. llega – dice; 4. tienes; 5. hace – necesito; 6. se ríe – contesta; 7. sabes – lleva.

5

M	A	L	E	T	A	D	G
O				O		I	U
C		R		A		N	I
H		O		L		E	A
I		P		L		R	
L	Z	A	P	A	T	O	S
A							
	C	A	M	A	R	A	

6 1. se – se; 2. me; 3. se – se; 4. nos; 5. te; 6. os; 7. nos; 8. me.

7 1. dando; 2. acostándose; 3. saliendo; 4. aprendiendo; 5. durmiendo; 6. llegando; 7. acabando; 8. comiendo. **Lösungswort: ACAPULCO**

8 1. estoy siguiendo; 2. está bajando; 3. está yendo; 4. está entrando; 5. está mirando; 6. está acercándose; 7. está haciendo; 8. está sacando; 9. está corriendo; 10. están llegando; 11. están deteniendo.

9 1. Los niños están viendo la tele. 2. Juana lleva diez años viviendo en México. 3. Mi hermano sigue estudiando medicina. 4. Nuria le va explicando la gramática española a Michael. 5. Llevamos tres horas esperando en el aeropuerto.

10 1. acaban – van; 2. suele; 3. dejar; 4. volvemos; 5. vamos; 6. sueles.

11 1. es; 2. hay – están – están; 3. hay – son; 4. está – están; 5. está; 6. es.

12 1c; 2f; 3b; 4e; 5a; 6d.

13 **Richtig sind:** 1. están; 2. está; 3. hay; 4. es; 5. están; 6. está; 7. está.